KONRAD ADAM

DIE ALTEN GRIECHEN

Rowohlt Taschenbuch Verlag

Veröffentlicht im Rowohlt Taschenbuch Verlag,
Reinbek bei Hamburg, September 2008
Copyright © 2006 by Rowohlt · Berlin Verlag GmbH, Berlin
Umschlaggestaltung ZERO Werbeagentur, München,
nach einem Entwurf von any.way, Hamburg
(Fotonachweis: Corbis)
Satz DTL Dokumenta ST PostScript (InDesign)
bei Pinkuin Satz und Datentechnik, Berlin
Druck und Bindung CPI – Clausen & Bosse, Leck
Printed in Germany
ISBN 978 3 499 62174 1

Dem Andenken Manfred Fuhrmanns
(1925–2005)

INHALT

WAS IST KLASSISCH AN
DER GRIECHISCHEN ANTIKE?

Wir würden ja noch in der Barbarei leben, wenn nicht die Überreste des Altertums in verschiedener Gestalt vorhanden wären.

Goethe

Lange Zeit hat die Antike nichts gegolten. Über Jahrhunderte ist das, was von ihr übrig war, missachtet und ausgeschlagen, vergessen und vernichtet worden. Erst mit der Wende vom 14. zum 15. Jahrhundert begann in Italien, wo das antike Erbe seine tiefsten Spuren hinterlassen hatte, die Wiederentdeckung und Wiedergeburt, die Renaissance. Auch diesmal dauerte es allerdings nicht lange, bis Bedenken und Vorbehalte gegen das übermächtige Vorbild geäußert wurden. In Frankreich entspann sich eine Kontroverse, bei der über die kanonische Geltung der antiken Texte gestritten wurde. Die Engländer fanden es richtig, den gotischen Baustil, der ihnen bodenständig erschien, gegen das Formenarsenal der Antike auszuspielen. In Deutschland machten die Anhänger einer betont fortschrittlichen Erziehung den Liebhabern der Antike und ihres institutionellen Trägers, des Humanistischen Gymnasiums, das Überleben schwer. Sie tun das immer noch und haben zumindest hierzulande dafür gesorgt, dass der vertraute Umgang mit der griechischen und römischen Kultur zur Sache einer Minderheit geworden ist.

In dieser spezifisch deutschen Debatte ging und geht es um Nützlichkeit. Soll das, was an Schulen und Hochschulen gelehrt, vermittelt und eingeübt wird, zeitlos sein oder zeitgebunden? Soll man im Umgang mit der Jugend das hier und heute Gültige in den Blick fassen oder das Übernützliche, definiert als das Heranbilden und Herausbilden von Eigenschaften, die nie veralten, weil sie immer gebraucht werden? Englisch statt Griechisch, IT statt Kulturgeschichte, Praxis statt Theorie, Anpassung statt Widerspruch, oder umgekehrt?

Wo die Verwertbarkeit darüber entscheidet, was in der Schule – das Wort kommt aus dem Griechischen und bedeutet freie, nicht verplante Zeit – gelehrt und gelernt wird, haben die Freunde der Antike einen schweren Stand. Wer sich die Jugend zäh wie Leder, hart wie Kruppstahl und schnell wie die Windhunde wünscht, hat von den Griechen und den Römern wenig zu erwarten. Er sollte die Antike meiden, denn damit kann sie wirklich nicht dienen, genauso wenig wie mit dem Ideal der sozialistisch, antiautoritär, multikulturell oder sonst wie angehauchten Persönlichkeiten, die später an die Reihe kamen. Die Auseinandersetzung mit einer Kultur, die der unseren zwar nah genug ist, um spontan verstanden zu werden, aber auch fern genug, um Abstand und Urteilsfähigkeit zu gewinnen, macht unabhängig von den Parolen des Augenblicks, vielleicht sogar rebellisch gegen sie. Das gefällt den Fürsprechern einer zeitgeistgerechten Erziehung aber ganz und gar nicht. Sie wollen fit machen für den Kampf ums Dasein und halten Kenntnisse, die aus der Gegenwart herausführen, für überflüssig.

Doch die Antike ist noch immer nicht gestorben, die alten Sprachen sind noch längst nicht tot; es ist nur etwas still um sie geworden, und das muss ja kein Nachteil sein, weil es zur Konzentration aufs Wesentliche zwingt. Wo ihre Dichter zu Wort kommen, wo ihre Philosophen konsultiert werden und ihre Künstler vor Augen stehen, da tun sie ihre Wirkung. Sie heißen klassisch, weil sie einige Grundfragen des Lebens früher, ursprünglicher und meistens auch verständlicher gestellt haben als andere, die später kamen. Lange Zeit hat sich die «klassische» Altertumskunde geniert, ihr angestammtes Attribut zu verwenden, zum Schaden für sie selbst, die Sache und die Menschen, die von der Sache schließlich etwas hätten lernen können. Man muss ja nicht so weit gehen wie Wilhelm von Humboldt und in der Schule alles für entbehrlich halten bis auf Griechisch und Mathematik; dass überall dort, wo man unter den Fächern und den Gegenständen eine Auswahl trifft und auf den Inhalt achtet, sich die Antike als der Urzustand der europäischen Kultur ganz von selbst anbietet, ist aber gar nicht zu bestreiten. Weil das so ist, stehen ihre Freunde mittlerweile wieder besser da als diejenigen, die nichts von ihr wissen wollten.

Der Anspruch auf Klassik sollte zwar nicht aufgegeben, aber doch erweitert werden; er war ja nicht falsch, nur zu eng. Neben der edlen Einfalt und der stillen Größe, der viel zitierten Formel des deutschen Griechenfreundes Johann Joachim Winckelmann, gab es ja auch noch sehr viel mehr und sehr viel anderes, für das die Griechen ähnlich eindrucksvolle Beispiele hinterlassen haben wie für die schönen Seiten des

Lebens. Sie kannten nicht nur das Wahre, das Schöne und das Gute, sondern auch das Groteske, das Schrille und das Brutale, auch das wahrscheinlich besser als die meisten anderen Völker. Die griechische Kultur bietet ein Kompendium aller menschlichen Eigenschaften, nicht unbedingt in freundlichen, doch ausnahmslos in klaren, leuchtenden Farben. Ihre Helden treten paarweise auf: der Staatsmann Perikles und der Demagoge Kleon; der tapfere Herakles und Jason, der Feigling; Antigone, die treue Schwester, und der bedenkenlose Machtmensch Kreon; der weitschauende Prometheus und Epimetheus, sein Bruder, der immer erst zu spät kapiert: So geht es weiter durch die Mythologie, die Geschichte und die Literatur der Griechen. Man flickt ihnen nicht am Zeuge, wenn man den Begriff des Klassischen weiter fasst und sich die Ausschläge in beide Richtungen ansieht, nach oben und nach unten. Sie sind ja gerade deshalb exemplarisch, weil ihre Amplitude insgesamt größer war als die ihrer Nachbarn und Erben. Nie wieder, meint Nietzsche, sei so verschwenderisch, so maßlos gelebt worden wie damals. Die Griechen bieten Beispiele für alles, für Habgier und Bescheidenheit, für Mitleid und Härte, für Verschlagenheit und Wahrheitsliebe, für Frömmigkeit und Blasphemie, für Leidenschaft und kühle Berechnung. Diogenes ist als Muster an Anspruchslosigkeit in die Geschichte eingegangen, Alkibiades als Beispiel für das Gegenteil, für Eitelkeit, Ruhmsucht und Verschwendung. Lernen lässt sich von beiden.

Die Griechen gingen überall aufs Ganze. Wie Kinder haben sie sich ihren Leidenschaften überlassen und ihr Leben im

Exzess vergeudet, bis hin zum Äußersten, zu Krieg und Vernichtung. Wenn es drauf ankam, haben sie jeden Preis gefordert und gezahlt, denn nichts ging ihnen über ihre Freiheit. Und nichts war ihnen tiefer verhasst als das Rentnerideal von heute, das stille, satte, träge und selbstzufriedene Leben auf Kosten anderer. Der Einsatz von Zeit und Geld, Vermögen, Leben und Gesundheit spielte keine Rolle, wenn er nur Auszeichnung und Ruhm versprach. Ihr Zutrauen in die eigenen Kräfte war grenzenlos und ist durch ihre Neigung, das Leben als einen einzigen Wettkampf aufzuziehen, aufs Äußerste gesteigert worden. «Werde, der du bist!», nicht: «Sei, der du bist!», das Motto der Spießer, war ihre Devise. In dieser Absicht haben sie alle nur denkbaren Möglichkeiten aufgespürt und wahrgenommen und keine Risiken gescheut; beide gehören ja zusammen. In Athen, sagt Sokrates einmal, könne jedem tagtäglich buchstäblich alles passieren. Trotzdem wollte er Athen niemals verlassen, selbst dann nicht, als ihn seine Mitbürger aus nichtigem Anlass und in einem fadenscheinigen Verfahren zum Tode verurteilt hatten. Die Flucht aus dem Gefängnis, die seine Freunde für ihn vorbereitet hatten, lehnte er ab, und trank stattdessen den Schierlingsbecher. Er wusste wohl, warum.

I. IM ANFANG WAR DIE SPRACHE

Eine der Gründungsurkunden des Abendlandes, das Johannes-Evangelium, beginnt mit der Aussage, im Anfang sei «das Wort» gewesen. So lautet die deutsche Version des griechischen Satzes. Auch wenn sie von einem sprachmächtigen und sprachempfindlichen Mann wie Luther stammt: Diese Übersetzung ist unzureichend, ja sogar missverständlich, denn das griechische Pendant, der Begriff «logos», bedeutet mehr als nur das Wort. Alle Sprachkundigen haben das gewusst oder empfunden, unter ihnen auch der Doktor Heinrich Faust, dessen abenteuerliche Lebensgeschichte Goethe zum Drama verarbeitet hat. Nachdem Faust vom Osterspaziergang nach Hause zurückgekehrt ist, lässt Goethe ihn zur Bibel greifen, um das alte, heilige Original, wie er es nennt, in sein geliebtes Deutsch zu übertragen. Die Schwierigkeit beginnt bereits beim ersten Satz:

Hier stock' ich schon. Wer hilft mir weiter fort?
Ich kann das Wort so hoch unmöglich schätzen,
Ich muss es anders übersetzen,
Wenn ich vom Geiste recht erleuchtet bin.
Geschrieben steht: Im Anfang war der Sinn.

Auch das kann Faust, den Ruhelosen und ewig Unzufriedenen, aber nicht zufrieden stellen:

Bedenke wohl die erste Zeile,
Dass Deine Feder sich nicht übereile!
Ist es der Sinn, der alles wirkt und schafft?
Es sollte stehen: Im Anfang war die Kraft!

Auch das genügt ihm aber nicht, und deshalb fährt er fort:

Doch auch, indem ich dieses niederschreibe,
Schon warnt mich was, dass ich dabei nicht bleibe.
Mir hilft der Geist, auf einmal weiß ich Rat,
Und schreib getrost: Im Anfang war die Tat.

Hätte ihn Mephisto, den er sich in der Gestalt des Pudels beim Spazierengehen eingefangen hatte, an dieser Stelle nicht durch sein Knurren unterbrochen, Faust hätte wohl weiter und immer weiter gesucht. Denn alle seine Versionen bringen zwar Teilbedeutungen des Wortes, um dessen zutreffende Wiedergabe er sich bemüht, zum Ausdruck; nur Teile allerdings, das Ganze nicht. Denn «logos» meint alles, meint Sinn und Kraft, vielleicht auch Tat, und noch viel mehr als das. Wollte man den vielen unzureichenden Übersetzungsversuchen einen weiteren hinzuzufügen, könnte man schreiben: Im Anfang war die Sprache. Denn auch das, die Fähigkeit, sich artikuliert untereinander zu verständigen, ist mit «logos» gemeint; vor allem das sogar.

Dass die Sprache das Merkmal bildet, das den Menschen vom Tier unterscheidet, ist oft genug festgestellt worden, auch und gerade von den Griechen. Sie waren die Ersten, die den

Menschen als sprachbegabtes Lebewesen definierten. Da man höchst unvernünftig reden und sehr vernünftig schweigen kann, enthält der Begriff aber mehr als nur die Fähigkeit, zu sprechen; er erinnert daran, dass Sprache sowohl Voraussetzung als auch Folge des Vernunftgebrauchs, des Denkens ist. Die Grenzen meiner Sprache sind die Grenzen meiner Welt, hat der Philosoph Ludwig Wittgenstein einmal gesagt und damit eine Einsicht formuliert, die für die Griechen selbstverständlich war. Beides, Weltbild und Ausdrucksfähigkeit, kam für sie in einem einzigen Begriff zusammen, im Wort «logos». Ohne Sprache keine Kultur: Auch das haben die Griechen gewusst und in ihren Mythen, bildhaften Erzählungen über den Ursprung der Welt und den Sinn des Lebens, zum Ausdruck gebracht. Denn Sprache ist konstitutiv für die Fähigkeit, sich mit anderen zu verständigen und gemeinsam mit ihnen sein Leben zu führen, Gesellschaften zu bilden und Staaten zu gründen. Vernunftbegabt und gemeinschaftsbildend gelten seit dieser Zeit als jene beiden Attribute, die nötig, aber auch ausreichend sind, um den Menschen zu definieren. Nur im Austausch mit anderen kann er Erfahrungen und Entdeckungen, Erfindungen und Einsichten formulieren und weitergeben und so den Vorrat an Wissen und Können von einer Generation zur anderen wachsen lassen. Sprache ist die Voraussetzung für das Entstehen jener dritten Welt des gespeicherten Wissens, die der Erkenntnistheoretiker Karl Popper als genuin menschliche von seinen zwei anderen Welten, der natürlichen Umgebung und dem angeborenen Denkvermögen, unterschieden hat. Sie ist Bedingung für Kultur.

Nicht jede Sprache allerdings in gleicher Weise. Das Griechische sticht da hervor, zunächst durch seinen übergroßen Formenreichtum, der es erlaubt, Beziehungen zwischen den einzelnen Satzgliedern viel genauer anzugeben als in jeder anderen europäischen Sprache. Das Gegenbeispiel ist das Englische, das ja vor allem deshalb zur modernen Weltsprache geworden ist, weil es aufs Konjugieren und Deklinieren weitgehend verzichtet. Es ist die Sprache für jedermann.

Das Griechische bietet in dieser Hinsicht mehr. Es verfügt neben dem Aktiv und dem Passiv über ein drittes Genus, das Medium, das den Rückbezug auf das Subjekt des Satzes deutlich macht: «politeuo» heißt «Bürger sein», «politeuomai», das Medium, dagegen «Sich als Bürger betätigen». Zusätzlich zum Indikativ und zum Konjunktiv kennt das Griechische einen weiteren Modus, den Optativ, der Wünsche oder Möglichkeiten zum Ausdruck bringt. Neben den drei klassischen Tempora, die zwischen Gegenwart, Vergangenheit und Zukunft unterscheiden, gibt es im Griechischen drei weitere, die allesamt klarstellen, wie eine Handlung zu betrachten ist, als dauerhafter Zustand (Präsens), als abgeschlossener Vorgang (Aorist) oder als Resultat (Perfekt). Auf diese Art stellt das griechische Zeitwort eine Handlung präziser als das deutsche Verbum dar, «das etwas von dumpfer Tiefe an sich hat», wie der Gräzist Bruno Snell einmal bemerkt hat.

Der große Formenreichtum der griechischen Sprache musste den Wunsch aufkommen lassen, Ordnung ins Chaos zu bringen, ein Wunsch, der sich angesichts der Begabung dieses Volkes zu systematischer Erkenntnis und klarer Begrifflichkeit leicht erfüllen ließ. So entstand zum ersten Mal das, was wir bis heute eine Grammatik nennen; dem Wort und der Sache nach ist sie eine griechische Erfindung, erweitert, aber keineswegs entbehrlich gemacht durch die moderne Linguistik. Der Glaube, dass der Sprachgebrauch Gesetzen unterliegt, die sich erkennen und formulieren lassen, geht ebenso wie die Überzeugung, dass die Entschlüsselung dieser Gesetze dabei hilft, dem Wesen der Dinge auf die Spur zu kommen, auf die Griechen zurück.

Beides, ihr Formenreichtum und ihre Systematik, unterscheidet die griechische von den anderen Sprachen, die damals, vor zweieinhalb Tausend Jahren, im östlichen Mittelmeerraum in Umlauf waren. Und es begründete zum guten Teil das Selbstbewusstsein, das die Griechen gegenüber den von ihnen so genannten Barbarenvölkern an den Tag legten. Barbaren, das waren die Leute, die sich nicht nur anders, sondern auch schlechter, ungepflegter, weniger differenziert ausdrückten als die Griechen, die eben «bar-bar» machten, wo sie selbst sprachen. Es war die Sprache, die diesem Volk das Bewusstsein gab, trotz aller Kämpfe und Rivalitäten zusammenzugehören und sich von den Nachbarn zu unterscheiden. Als Xerxes, der Perserkönig, auf seinem Feldzug gegen Griechenland von den Athenern zum Zeichen ihrer Unterwerfung Wasser und Erde forderte, verurteilte die Volksversammlung den unglücklichen Boten zum Tode, weil er die Stirn gehabt hatte, die griechische Sprache für die Befehle eines Barbaren zu gebrauchen.

Das emotionale Verhältnis der Griechen zu ihrer Sprache

gründet allerdings weniger in deren Formenreichtum und Geschmeidigkeit, ihrer Präzision und Ausdruckskraft als auch und vor allem in ihrem Wohlklang. Noch zu einer Zeit, in der sie ihre Freiheit längst an Rom verloren hatten und ihre Tage damit verbrachten, die Erinnerung an ihre große Zeit zu pflegen, amüsierten sich die Griechen über die lateinischen Rhetoren, die Übungen in einer Sprache anstellten, «die keinerlei Reiz besitzt und frei ist vom Zauber der Venus und der Musen». Venus, auf Griechisch Aphrodite, ist die Göttin der Schönheit und der Liebe, die Musen inspirieren Dichter und Gelehrte. Dass sie so selbstverständlich für die Redekunst in Anspruch genommen werden, ist ein sicheres Zeichen für das geradezu erotische Verhältnis, das die Griechen zur kunstvoll angewandten Sprache unterhielten. Als erste und wichtigste Voraussetzung für die Karriere als Staatsmann galt ihnen die Beredsamkeit; Plutarch, der Verfasser einer umfangreichen Sammlung von griechisch-römischen Parallelbiographien, vergisst bei keinem seiner griechischen Helden, auf diese Gabe hinzuweisen. Nachdem er längere Überlegungen zu der Frage angestellt hat, welchem seiner zahlreichen Talente der Athener Perikles seinen überragenden Einfluss auf die Zeitgenossen und seinen dauerhaften Nachruhm verdankt, entscheidet er sich schließlich für die Kunst der Rede. Sie dürfte niemals höher geschätzt worden sein und mehr bewirkt haben als im Athen des fünften vorchristlichen Jahrhunderts.

Wie fast alle literarischen Gattungen und Kategorien geht auch die Unterscheidung zwischen gebundener und freier Rede, zwischen Poesie und Prosa, auf die Griechen zurück.

Sie selbst scheinen diese Differenz, süchtig nach Wohlklang und Wohllaut wie sie nun einmal waren, allerdings weniger lebhaft empfunden zu haben als wir. Zumindest in der Frühzeit war die Grenze zwischen der einen und der anderen Ausdrucksform schwimmend. Solon, der den Athenern viele ihrer Gesetze gab, wählte die dichterische Form der Elegie, um seine Vorschriften und Ratschläge bekannt zu machen. Wo Plutarch von Solons öffentlichen Auftritten berichtet, spricht er von «singen», nicht von «reden». Der musikalische Akzent, der Wörter und Silben stärker durch ihre Länge und ihre Tonhöhe als durch ihre Lautstärke voneinander unterscheidet, musste die griechische Prosa der Poesie ähnlicher machen, als das in anderen Sprachen möglich war.

Er erklärt wohl auch die emotionalen Exzesse, denen sich die Griechen beim Anhören eines gut gearbeiteten Textes hinzugeben pflegten. Redekünstler wie Gorgias oder Hippias haben die Griechen in Olympia zu ähnlichen Beifallsstürmen hingerissen wie die Sieger in den verschiedenen Sportarten. Dieselben Syrakusaner, die die gefangenen Athener nach deren misslungenem Versuch, Sizilien in ihre Gewalt zu bringen, entweder abschlachteten oder durch Zwangsarbeit in ihren Steinbrüchen zu Tode quälten, sollen diejenigen unter den Gefangenen freigelassen haben, die ihnen ein paar Verse aus den Tragödien des Euripides, des Modedichters dieser Zeit, rezitieren konnten.

So wie die Modulationsfähigkeit des Griechischen die Entstehung aller denkbaren literarischen Formen begünstigt hat, kam seine grammatische Struktur der Begriffsbildung und damit den Anfängen der Philosophie entgegen. Auch wer des Griechischen nicht mächtig ist, wird sich eine Vorstellung davon bilden können, wie der bestimmte Artikel, den diese Sprache dem Lateinischen voraus hat, dazu einlädt, sich das Allgemeine – das Sein, das Werden, das Vergehen – als etwas Bestimmtes vorzustellen und so den Glauben an eine zweite, geheimnisvolle Wirklichkeit zu nähren, die sich hinter der ersten, erfahrbaren verbirgt. Die Suche nach dieser zweiten, dem Denken und nur dem Denken zugänglichen Welt begann mit Männern wie Thales und Anaximander, die man zusammen mit ein paar anderen nach ihrer Herkunft als ionische Naturphilosophen zu bezeichnen pflegt, und kam mit Platon und dessen Schüler Aristoteles ans Ziel. Bruno Snell, der den sprachlichen Bedingungen dieser ungewöhnlichen Entwicklung nachgegangen ist, hat behauptet, dass sich das Verhältnis von Sprache und wissenschaftlicher Begriffsbildung überhaupt nur im Griechischen beobachten und angemessen verstehen lasse, «da nur hier die Begriffe der Sprache organisch entwachsen sind: Nur in Griechenland ist das theoretische Bewusstsein selbständig entstanden, nur hier gibt es eine autochthone wissenschaftliche Begriffsbildung – alle anderen Sprachen zehren hiervon, haben entlehnt, übersetzt, das Empfangene weitergebildet.»

Diese Feststellung lässt sich auch allgemeiner fassen. Die Griechen waren, zumindest in Europa, das erste Volk, für das Sprache erkennbar mehr war als ein notwendiges, alltägliches und deshalb ziemlich anspruchsloses Instrument zum Zwecke der Verständigung. Jeder griechische Satz bringt zusätzlich zu seinem Informationsgehalt Stimmungen und Absichten zum Ausdruck, enthält Ober- und Untertöne, arbeitet mit Vor- und Rückverweisen, die über das bloß Mitgeteilte hinausgehen. Entscheidend dafür ist der Partikelreichtum, die Unmenge von kleinen und unscheinbaren, aber schwer zu übersetzenden Bindewörtern, die jeder Aussage ein spezifisches Gewicht verleihen. Ein richtig gebauter Satz lässt im Griechischen von Anfang an erkennen, ob man es mit einer Feststellung oder einer Erläuterung, einer Erweiterung, einer Begründung oder einem Gegensatz zu tun hat. Durch den Gebrauch von Wörtern wie «zwar» und «aber», von «nun wohl», «sowohl als auch» oder «schließlich doch» kann dieser Nuancenreichtum im Deutschen oder jeder anderen modernen Sprache zwar imitiert, aber niemals nachvollzogen werden, weil diese Sprachen nicht über dasselbe Repertoire an logischen Bindemitteln verfügen. Die überragende Bedeutung dieser zu Unrecht so genannten Füllwörter lässt sich für uns nur aus den überaus seltenen Fällen erschließen, in denen sie im Griechischen fehlen. Ein spätantiker Autor macht das am Beispiel der Verse klar, mit denen die Gefährten des Odysseus, auf Kundschaft ausgeschickt, ihrem Herrn melden, was sie auf der Insel der Kirke entdeckt haben. Der ungewohnte Verzicht auf erläuternde und verbindende Partikel wird da als etwas Außerordentliches wahrgenommen. Das Fehlen bedeutet etwas, Überraschung und Atemlosigkeit nämlich, «die innere und äußere Bewegung, die gleichzeitig hemmt und antreibt», wie der erwähnte Autor bemerkt. Im Deutschen wäre das nicht möglich.

Die Schrift des unbekannten Autors trägt den Titel «Über das Erhabene». Obwohl nur fragmentarisch überliefert, hat sie einen dauerhaften Einfluss auf die europäische Literaturkritik ausgeübt, bis heute. Sie entstand unter der Herrschaft der Römer, zu einer Zeit also, als die griechische Kultur ihre produktive Kraft weitgehend eingebüßt hatte und von der Erinnerung an ihre große Vergangenheit zehrte. Das Griechische war jetzt beides zugleich, Kultursprache aller Gebildeten und Verkehrssprache in der gesamten östlichen Reichshälfte, die neben Griechenland auch Ägypten, Syrien, Kleinasien und das nördliche Afrika umfasste. In dieser Form hieß sie «Koiné», die Allgemeine. Sie war so allgemein, dass alles, was auf weite Verbreitung rechnete, in ihr verfasst sein musste, das Neue Testament genauso wie das oströmische, das byzantinische Recht. Noch Cicero, der zu einer Zeit schrieb, als die Römer an der Schwelle zur Weltherrschaft standen, beklagt sich über die Winzigkeit des Gebietes, in dem die lateinische statt der griechischen Sprache gesprochen wird.

Erst sehr viel später, mit dem Aufkommen des Islam, dessen aggressivem Sendungsbewusstsein diese alt und müde gewordene Kultur nicht mehr viel entgegenzusetzen hatte, hat das Griechische seine Funktion als universelles Verständigungsmittel verloren. Es war die erste und wohl auch folgenreichste Niederlage der abendländischen, griechisch und christlich geprägten Kultur gegen den militant vorgetragenen Herrschaftsanspruch aus dem Osten. Die Auseinandersetzung erstreckte sich über Jahrhunderte und war mit der Eroberung Konstantinopels im Jahre 1453 längst noch nicht zu

Ende. Sie ist es bis heute nicht, wie der Streit beweist, den die Türkei mit ihrem Wunsch ausgelöst hat, Mitglied der Europäischen Gemeinschaft zu werden.

Der erste, große Schauplatz dieser Auseinandersetzung war Griechenland, zumal Athen, das im gesamten Altertum einen jener geistigen Marktplätze darstellte, auf denen die europäische Kultur Gestalt annahm. Bezeichnend, dass Paulus mit der Heidenmission, Voraussetzung für den Siegeszug des Christentums, das zunächst ja nicht mehr war als eine jüdische Sekte, in Athen begann, wo er einen «Dem unbekannten Gott» geweihten Altar entdeckte und flugs für seinen, den neuen Christengott, in Anspruch nahm. Auch damals, Jahrhunderte nach ihrer heroischen Zeit, bildete die griechische Kultur das Tor, das den Zugang zur Welt eröffnete.

Bei diesem Handel haben die Griechen von Anfang an mehr gegeben als genommen. Originell waren sie ja nur selten; dass sie die Geometrie den Ägyptern, die Astronomie den Chaldäern, das Alphabet den Phöniziern verdankten, haben sie selbst gewusst und ohne Umstände eingestanden. Sie wussten aber auch, was sie aus alledem gemacht hatten. Groß waren sie nicht eigentlich im Erfinden, sondern im Aufspüren von Möglichkeiten, in der Ausgestaltung, der Weiterentwicklung und der Vollendung dessen, was andere begonnen, aber halbfertig liegen gelassen hatten. Die Basis dafür war und blieb die griechische Sprache. Sie steht am Anfang nicht nur ihrer eigenen, sondern der europäischen Kultur. Die wohl nicht weiß, was sie verliert, wenn sie von diesem Erbe nichts mehr hören will.

Giovanni Paolo Pannini, Paulus predigt in Athen. Das Wort
Gottes wurde der Welt auf Griechisch verkündet.

Arnold Böcklin, Odysseus und Kalypso, 1882 (Kunstmuseum Basel). Der große Dulder sinnt auf die Rückkehr ins heimische Ithaka.

2. HELDEN UND FEIGLINGE: DIE GRIECHISCHE NEIGUNG ZUM EXTREMEN

Vom Nationalcharakter zu sprechen ist heikel. Was immer man an typischen Zügen herausstellt, wird modifiziert und konterkariert von irgendwelchen anderen Eigenschaften, die ausgeblendet werden müssen, um das «typische» Bild, auf das es abgesehen ist, nicht zu verwischen. Auf die Griechen angewandt, stehen dem Versuch der Typenbildung zwei weitere, fast schon banale Hindernisse entgegen, ihre höchst ungewisse Herkunft und ihre Zersplitterung in viele rivalisierende Stämme.

Was wir heute pauschal Griechenland nennen, war in antiken Zeiten ein von Mutterlandsgriechen und Kolonisten, von Alteingesessenen und Zugewanderten, von Festlands- und Inselgriechen besiedeltes Gebiet, das sich über die Küstenstriche des gesamten Mittelmeerraumes erstreckte. Seinen zahlreichen Bewohnern einen gemeinsamen Charakter anzudichten wäre schon deshalb riskant, weil die Griechen selbst die Unterschiede, die zwischen den einzelnen Stämmen herrschten, lebhaft empfunden und immer wieder herausgestrichen haben. Das gilt vor allem, aber keineswegs ausschließlich für die beiden Hauptstämme, die Dorer, die sich größtenteils auf der Peloponnes niederließen, und die Ionier, die von sich behaupteten, seit eh und je die Halbinsel Attika bewohnt zu haben und

erst von dort aus die Inseln des Ägäischen Meeres, die West-
küste Kleinasiens und einige handelspolitisch wichtige Plätze
rings um das Schwarze Meer besiedelt zu haben. Der Gegensatz zwischen Ioniern und Dorern hat nicht nur Eingang in die
Musiktheorie (Kirchentonarten) und die Stilkunde (dorische
und ionische Bauordnung) gefunden; er durchzieht als eine
Art kultureller Wasserscheide die gesamte griechische Geschichte und wurde schließlich, machtpolitisch zugespitzt, zu
einer der Ursachen für die Katastrophe des Peloponnesischen
Krieges, der in der zweiten Hälfte des 5. vorchristlichen Jahrhunderts zwischen dem ionischen Athen und dem dorischen
Sparta ausgetragen wurde und mit der Niederlage der Athener
endete.

Wenn etwas typisch war für die Griechen, dann die Freude
am Aufspüren von Unterschieden und Gegensätzen auf
kleinstem Raum. Wie scharf ihr Blick und wie hart ihr Urteil
war, lässt sich der Rede entnehmen, die Thukydides, der Historiker des Peloponnesischen Krieges, den korinthischen Diplomaten in den Mund legt, die sich bei Kriegsausbruch nach
Sparta begeben hatten, um dort um Unterstützung gegen
ihre übermächtig gewordene Nachbarstadt Athen zu werben.
«Habt ihr denn je bedacht», stacheln sie gegen ihre Rivalin,
«wie diese Athener sind, gegen die der Kampf gehen wird, und
wie sehr sie in allem und jedem das Gegenteil von euch sind?
Sie sind Neuerer, lieben es, Pläne zu machen und auszuführen;
ihr aber wollt nur das Bestehende erhalten, nichts Neues dazu
erfinden und euch mit dem Notwendigsten zufrieden geben.
Die Athener sind Draufgänger, waghalsig bis zur Unvernunft

und noch in der Not voller Hoffnung; eure Art dagegen ist es, weniger zu tun, als in eurer Macht steht, der Vernunft trotz aller Sicherheiten nicht zu trauen und aus Notlagen keine Rettung zu erwarten. Athener gehen immer frisch ans Werk, sie sind Welteroberer verglichen mit euch Nesthockern. Als wäre es ihnen fremd, verschwenden sie ihr Leben für ihre Stadt und nehmen ihren ganzen Geist zusammen, etwas für sie zu tun. Einen versäumten Anschlag empfinden sie als persönlichen Verlust, jede Eroberung betrachten sie als Anfang zur nächsten. Mit all dem plagen sie sich unter Mühen und Gefahren ihr ganzes Leben lang und genießen kaum, was sie haben, weil sie immer nur hinzuerwerben wollen. Wer also sagen wollte, sie seien geschaffen, selbst keine Ruhe zu halten und allen anderen keine Ruhe zu gönnen, der spräche die Wahrheit.»

Wer solche Dokumente liest, kommt um die Frage nach ihrer Verlässlichkeit nicht herum. Thukydides selbst hat sie beantwortet, als er in der Einleitung zu seinem Bericht über den Großen Krieg auf die Schwierigkeit zu sprechen kommt, die vielen Reden, die er referiert, wortgenau zu überliefern. Er habe sich, erklärt er dort, damit beholfen, das Gesprochene aus eigener Erinnerung oder im Vertrauen auf seine zahlreichen Gewährsleute sinngemäß wiederzugeben und das aufzuschreiben, «was ein jeder von ihnen in der damaligen Lage ungefähr sagen musste». In diesen Worten tritt der Wunsch nach Typisierung, nach Konzentration aufs Wesentliche und Unverwechselbare, der so bezeichnend ist für alles Griechische, deutlich hervor. Man kann das Idealisierung nennen, sofern man dabei von der im Deutschen üblichen Beschränkung aufs

Vorbildliche absieht und sich klarmacht, dass man eben nicht nur Vorzüge und Stärken, sondern auch Mängel und Unarten idealisieren kann. Diese Neigung spricht aus allen Zeugnissen der griechischen Kultur; sie schließt die genaue Beobachtung, den Respekt und die Bewunderung für jede große Leistung genauso ein wie das kalte und unbarmherzige Interesse an Fehlern, Schwächen und Charaktermängeln.

Plutarch, der fünfhundert Jahre später, aber nicht schlechter schrieb als Thukydides, bemüht das Beispiel der Malerei, um aus seiner Sicht den Auftrag des Geschichtsschreibers zu erläutern. So wie wir vom Maler erwarten, die Mängel, die den von ihm gewählten Gegenständen anhaften, weder wegzulassen noch allzu stark herauszustellen – «denn das eine würde die Erscheinung hässlich, das andere sie unähnlich machen» –, so müsse auch der Historiker, da es schwer oder vielmehr unmöglich sei, einen vollkommen tadelsfreien Lebenslauf zu entdecken, das Gute zwar zur vollen Anschauung bringen, die Fehlgriffe und Verirrungen aber nicht verschweigen; er solle sie allerdings eher als Mängel an der Vollkommenheit denn als Beweise für die Schlechtigkeit des Menschen darstellen. Er selbst, fährt er dann fort, empfinde Scham und Bedauern über die menschliche Natur, der es nicht gelinge, «einen ganz und gar reinen und vollkommenen Charakter hervorzubringen.» Diese Bereitschaft, sowohl das Gelungene als auch das Verfehlte als beispielhaft und lehrreich zu betrachten, darf man für typisch halten. Die Griechen haben immerzu gelernt; deswegen lässt sich auch von ihnen so viel lernen.

Der sichere Zugriff aufs Wesentliche spricht schon aus dem

frühesten Zeugnis der griechischen Literatur, der Ilias. Das erste Wort des ersten Verses nennt das Thema, den Zorn des Achilleus. Wer das mit dem Anfang ihres deutschen Gegenstückes, dem Nibelungenlied vergleicht, erkennt den Unterschied auf Anhieb. Wo der deutsche Dichter weitschweifig und fast behäbig einsetzt, mit der Erinnerung an alte Geschichten, an verblichene Helden, an ihre Taten, ihre Freuden und ihre Leiden, kommt Homer mit wenigen, fast sachlich kühlen Worten aus. Alles entstand aus dem Zorn, den Achilleus, der erste unter den griechischen Helden im Kampf um Troja, gegen Agamemnon, den griechischen Heerführer, wegen eines Ehrenhandels empfand und mit seinem Rückzug aus dem Kampfgeschehen beantwortete. Alles Weitere, die Auseinandersetzung im Lager der Griechen, das wechselnde Schlachtenglück, der Tod des Hektor, ja sogar der Streit unter den Göttern, von denen die einen die Griechen, die anderen die Trojaner begünstigten, entwickelt sich aus diesem einzigen Motiv. Verglichen damit geht es im Nibelungenlied ungeachtet seines nicht weniger dramatischen Inhalts viel bunter, vielstimmiger und disparater zu. Die Darstellung wächst in die Breite, ins Anekdotenhafte, während sich in der Ilias das Geschehen nahezu organisch aus einer einzigen Wurzel entfaltet.

Das lebhafte Interesse an wenigen, klaren und starken Motiven geht einher mit einem weiteren Zug der griechischen Kultur, mit ihrer Abneigung gegen das moralisierende Urteil. Mit der Moral von der Geschichte kamen die Griechen, wenn überhaupt, immer erst ziemlich spät. Sie stellten fest und stellten dar; ihre bevorzugte Geste ist das «Ecce», der nüchterne Hinweis: So ist der Mensch, so spielt das Leben, so geht die Geschichte. Die Höhen und Tiefen, die Gründe und Abgründe, die Leistungen und Verstiegenheiten der menschlichen Natur haben sie mehr interessiert als die Frage, wie all das zu bewerten sei. Ihre Neugier ist stärker als ihre Bereitschaft, den Daumen zu heben oder zu senken. Sie lieben die ausgeprägten, die typischen, die drastischen Züge und schildern sie mit Wonne: Odysseus, das Urbild des griechischen Abenteurers, ist nicht nur der tapfere Kämpfer, der kluge Ratgeber, der begehrte Liebhaber und der große Dulder, er ist auch der unerbittliche Rächer und der durchtriebene Lügner. Als er nach einer endlosen Irrfahrt endlich in seinem heimatlichen Ithaka an Land gekommen ist, begegnet ihm Athena, seine Schutzgöttin, in fremder, nämlich menschlicher Gestalt, und stellt ihn auf die Probe, indem sie ihn dazu verleitet, Auskunft über sich selbst zu geben. Odysseus vermeidet diese Falle und antwortet auf ihre Fragen mit einer einzigen Lügengeschichte: wie es ihn auf der Rückfahrt von Troja nach Kreta verschlagen habe, wie er dort phönizische Seeleute bestochen und zusammen mit ihnen nach Ithaka gekommen sei, wo sie ihn allein und schlafend am Strand zurückgelassen hätten. Weit entfernt davon, ihm dieses Märchen übel zu nehmen, ist Athena über so viel Durchtriebenheit hell entzückt. Sie gibt sich ihrem Liebling zu erkennen, streichelt ihm die Hand und spricht zu ihm:

Klug und verschlagen müsste der sein, der dir's wollt'
   zuvortun

An vielfältiger List, und käme auch einer der Götter!
Schlimmer, Überlistiger du, nie satt deiner Ränke,
Lässt du also im eigenen Land nicht von der Verstellung
Und den trügenden Reden, die dich schon als Knaben
   erfreuten?

Auch die Vortrefflichkeit, ein Schlüsselwort der griechischen Kultur, ist keineswegs moralisch aufgeladen. Ihr griechisches Pendant, das Wort Areté, wird völlig falsch mit «Tugend» übersetzt. Dazu, zur Tugend, haben es erst die christlich inspirierten Übersetzungen gemacht, die in Deutschland vor zweihundert Jahren, zur Zeit der Weimarer Klassik, entstanden sind. Das griechische Wort bedeutet Vollkommenheit im Rahmen des natürlich Gegebenen, nicht mehr und nicht weniger, das äußerst Mögliche ohne jede Beimischung lehrhafter Absichten. Deshalb ist die Areté auch keineswegs auf den Menschen beschränkt; diese Sicht stammt erst von Platon, hat sich mit ihm und seinem Werk dann auch durchgesetzt. Er fragte ja nach der Vollkommenheit der Seele, die eben nur dem Menschen eigen ist, und wurde so zum Ahnherrn einer moralisierenden Engführung, die von den christlichen Autoren dankbar aufgegriffen und weitergetrieben wurde. In ihrem ursprünglichen, umfassenden Sinn ist die Areté auch Tieren und Pflanzen, ja sogar unbelebten Gegenständen zugänglich; von ihr wird immer dann gesprochen, wenn eine angelegte oder erworbene Eigenschaft zur Vollendung kommt. So bekam alles, die gesamte belebte und unbelebte Welt, ein Entwicklungsziel zugewiesen, der Schuhmacher, der Hund, die Rose und der Tisch: Sie alle konnten auf ihre Art vortrefflich sein. Die Griechen besaßen einen naiven, fast kindisch anmutenden Respekt vor allem Außerordentlichen, Ungewöhnlichen, Großartigen und Überragenden unter Einschluss des Bizarren und Kuriosen. Das machte sie leichtgläubig und empfänglich für Ruhmrederei und Renommiergehabe bis hin zur lächerlichsten Prahlerei. Bis in die späteste Zeit wird die Geschichte des dreifachen Olympiasiegers überliefert, der gebeten worden sein soll, einen Beweis für seine außergewöhnliche Kraft zu liefern, und daraufhin von der bronzenen Liege, auf der er während des Essens Platz genommen hatte, ein Zierstück abgebrochen habe, um es dann in der Hand weich zu kneten und wie Gummi in die Länge und die Breite zu ziehen. Ganz allein soll dieser Athlet so viel wie neun ausgewachsene Männer vertilgt und dabei so viel Fleisch angesetzt haben, dass bei seinem Tode zwei große Urnen nötig waren, um die Asche zu fassen. So etwas wurde nicht nur gern berichtet, sondern genauso gern geglaubt; die Lust am Ausgefallenen und Sensationellen war groß und allen Griechen angeboren.

Den Zweifel gab es selbstverständlich auch; er äußerte sich aber weniger in der Kritik als in der Darstellung des anderen Extrems. Die Faszination ging dann eben nicht vom Großartigen, sondern von seinem Gegenteil, vom Jämmerlichen und Lächerlichen aus. Schon Homer kennt den Gegentyp zum Helden: Thersites, den kleinen, hässlichen und gemeinen Mann. Um deutlich zu zeichnen, brauchte der Dichter eben beides, viel Licht und viel Schatten; in der Tragödie verwandelt sich Odysseus in einen intriganten Gauner, und Herakles, der dorische Nationalheld, taucht als ein Bodybuilder auf, mit gut trainiertem Körper, aber viel zu kleinem Kopf. Dieselbe Lust am reinen Typ, verbunden mit derselben Zurückhaltung beim moralisierenden Urteil, spricht aus einem der auffälligsten Phänomene der griechischen Geschichte, der Neigung zum Verrat. Der Athener Themistokles ist zu den Persern, sein Landsmann Alkibiades zu den Spartanern übergelaufen, beide in der erklärten Absicht, ihrer Heimatstadt Athen zu schaden. Verrat galt als das natürliche Vorrecht der starken, geltungssüchtigen und durchsetzungsfähigen Naturen, er wurde zwar nicht bewundert, aber doch hingenommen, in Grenzen wohl auch respektiert. Die Griechen mochten den Verräter nicht, genauso wenig wie alle anderen Völker, doch was sie ihm zum Vorwurf machten, war weniger ein Charaktermangel als der Schaden im eigenen Lager. Was fehlte, war der moralische Aplomb, mit dem man den Stab über ihn brach, ein für alle Mal.

Bezeichnend, wie Alkibiades, dessen Verrat die Athener teuer zu stehen kam, nach seinem Übertritt zu Athens Erzfeind Sparta argumentierte: Er kehrte den gegen ihn erhobenen Vorwurf einfach um. Nicht er habe sein Vaterland verraten, sondern sein Vaterland ihn. Solange seine Gegner in Athen das Sagen hätten und seine Verurteilung betrieben, betrachte er Athen nicht mehr als seine Heimat, vielmehr suche er umgekehrt mit Hilfe der Spartaner seine Nicht-Heimat zurückzugewinnen. Sein leidenschaftlicher Wunsch, das Verlorene nicht endgültig einzubüßen, sei Beweis für seine, die wahre Liebe zum Vaterland. Wenn überhaupt so etwas wie Moral, spricht aus solchen Worten eine ganz und gar individualistische Ethik: eine Auffassung, die den Ehrgeiz, das Risiko und den Mutwillen höher stellt als die Verantwortung fürs Ganze. Perikles, der etwas ältere Zeitgenosse des Alkibiades, macht seinen Athenern denn auch das nach moralischen Maßstäben überaus zweifelhafte Kompliment, in ganz Griechenland Denkmäler des Guten und des Bösen – auch des Bösen! – hinterlassen zu haben. Was zählte, war der Effekt, nicht die Moral von der Geschichte.

Wo die Moral, selten genug, zum Thema wird, da regelmäßig in Verbindung mit ihrem Gegenteil, der Unmoral. So unterschiedliche Eigenschaften wie Leichtsinn und Geiz, Großmut und Engstirnigkeit, Ruhmsucht und Neid wurden von den Griechen in ihrer Polarität wahrgenommen, das eine erschien ihnen als die natürliche Ergänzung des anderen. Das drastischste Beispiel ist die Geschichte des Aristeides, eines Atheners, der wegen seiner Unbestechlichkeit den ehrenvollen Beinamen «der Gerechte» erhalten hatte. Er war der schärfste Rivale des Themistokles, der die Perser in der Seeschlacht von Salamis vernichtend geschlagen hatte, seitdem ein berühmter Mann war und nun alles daransetzte, seinen Nebenbuhler loszuwerden, was ihm mit Hilfe des Scherbengerichts schließlich auch gelang. Dieses «Gericht» trägt seinen Namen streng genommen zu Unrecht, weil es ohne Verhandlung auskam und keine Strafe bedeutete; es war nur ein Verfahren, politische Rivalitäten dadurch zu beenden, dass einer der beiden Streithähne den Kampfplatz räumen musste. Als der Gerichtstag gekommen war und Aristeides sich wie alle

Bürger zur Abstimmung begab, soll ihn ein namenloser Mitbürger gebeten haben, an seiner Statt den Namen Aristeides auf die Scherbe zu ritzen, die als Stimmzettel diente und den Verurteilten für zehn Jahre in die Verbannung zwang. Auf Aristeides' erstaunte Frage, ob er den Mann denn kenne oder Übles von ihm erfahren habe, antwortete der Analphabet beide Male mit Nein; es ärgere ihn aber, dass er ihn ständig «den Gerechten» nennen höre, und das war offensichtlich Grund genug.

Ob nun historisch oder nicht: Die Geschichte ist ein Indiz dafür, dass die Griechen im Neid den natürlichen Begleiter des Ruhmes sahen. Er folgt ihm wie sein Schatten und bewirkt im Kleinen so viel wie der Ruhm im Großen. Statt sich darüber zu empören, stellten die Griechen das zunächst einmal fest. Die Lehren daraus mochte jeder, der das wollte, selbst ziehen.

Ihrer starken und gefährlichen Neigung zum Extremen sind sich die Griechen selbst bewusst gewesen. Die Warnung vor der Hybris, der Selbstüberhebung und der Maßlosigkeit, bildet ein Grundmotiv ihrer Sagen und Geschichten. Sie waren launenhaft und hemmungslos und jederzeit dazu bereit, ihren wechselnden Stimmungen nachzugeben; zumal die Athener waren berühmt und berüchtigt für ihre plötzlichen Meinungsumschwünge. Gleich zu Beginn des Peloponnesischen Krieges hatten sie, von ein paar Demagogen scharf gemacht, den verhängnisvollen Entschluss gefasst, die Einwohner der Stadt Mytilene auf Lesbos für den Versuch, sich ihrer Oberherrschaft zu entziehen, exemplarisch zu bestrafen. Alle Männer sollten getötet, Frauen und Kinder in die Sklaverei verkauft werden, das damals übliche Urteil über einen abtrünnigen Bundesgenossen. Thukydides berichtet: «Tags darauf empfanden sie Reue und machten sich klar, wie unmenschlich es war, eine ganze Stadt zu vernichten, statt nur die Schuldigen. Kaum merkten das die anwesenden Gesandten aus Mytilene, da bearbeiteten sie die maßgebenden Stellen, um eine neuerliche Beratung des Falles anzusetzen. Das erreichten sie um so leichter, als die Mehrzahl der Bürger über die Sache noch einmal zu entscheiden wünschte.»

Es kam zu einem der üblichen Rededuelle, das diesmal mit knapper Not zugunsten der Stadt Mytilene ausging. Da ein erstes Schiff mit dem blutigen Befehl bereits unterwegs war, wurde in aller Eile ein zweites Schiff ausgesandt, «damit es nicht später als das erste ankäme und die Bürgerschaft bereits vernichtet fände; das erste war um einen Tag und eine Nacht im Vorsprung. Und da die Gesandten von Mytilene Wein und Mehl für die Mannschaft herbeibrachten und große Versprechungen für den Fall machten, dass sie pünktlich einträfen, wurde die Fahrt mit so viel Eifer zurückgelegt, dass sie während des Ruderns aßen und tranken und umschichtig schliefen. Zufällig wehte kein Gegenwind, und weil es das erste Schiff nicht eilig hatte zu einem so widerwärtigen Geschäft, während das zweite mit aller Macht vorangetrieben wurde, kam es gerade noch zurecht, um den Feldherrn, der sich eben anschickte, den Volksbeschluss zu vollstrecken, an der Hinrichtung zu hindern. So nah», schließt Thukydides seine Erzählung über diesen Vorfall, «war Mytilene dem Untergang gewesen.»

Kein anderes Volk, nicht einmal das deutsche, hat so viele, teils beeindruckende, teils abstoßende Beweise dafür geliefert, wie nahe die Extreme beieinander liegen. Was ihnen wichtig war, haben die Griechen bis zum Äußersten getrieben, erlebt, durchlitten und genossen, oft genug in einer und derselben Person. Es ist derselbe Achilleus, der sich, in seiner Jugend vor die Wahl gestellt, bewusst für das kurze, aber ruhmreiche Leben entscheidet; und der als Abgeschiedener im Totenreich bekennt, lieber ein Tagelöhner auf Erden als König in der Unterwelt sein zu wollen:

> Preise mir jetzt nicht tröstend den Tod, ruhmreicher
>   Odysseus,
> Lieber möcht' ich als Knecht einem andern dienen im
>   Taglohn,
> Einem dürftigen Mann, der selbst kaum Besitz hat,
> Als hier Herrscher sein aller abgeschiedenen Seelen.

So seine Antwort an Odysseus, der ihn der Ehren wegen, die Achilleus als Kriegsheld im Diesseits und im Jenseits genoss, glücklich preisen wollte. Was immer die Griechen gedacht und gewollt haben, das Gegenstück war immer mitgedacht, gelegentlich auch mitgewollt; das macht ihre Literatur so farbig, so aufregend und so irritierend, bis heute. Kaum einer ihrer zahlreichen Dichter und Gelehrten, der nicht vor den Verlockungen des Geldes gewarnt und die Freuden des anspruchslosen Lebens wortreich gepriesen hätte; in der Gestalt des Königs Midas, der in all seinem Reichtum verhungern musste, weil sich ihm alles, was er mit seinen Händen berührte, am Ende also auch das Brot auf seinem Tisch, in Gold verwandelte, hat diese Warnung ihren mythischen Ausdruck gefunden. Und dann kommt irgendein namenloser Dichter aus Ionien daher und erklärt kurz und knapp, im Leben sei nur eines wichtig, Geld.

Im Exzess haben sich die Griechen ausgekannt. Sie haben ihn beschrieben, dargestellt und ausgeschmückt, um ihn gewissermaßen stellvertretend auszukosten wie ein gefährliches, aber süßes Gift. Nur so scheint sich für sie das Leben gelohnt zu haben. Der Preis dafür war hoch, am Ende nicht geringer als der Verlust ihrer Freiheit, die ihrer Hemmungslosigkeit zum Opfer fiel. So verwandelten sie sich mit der Zeit in Graeculi, in Griechlein, wie sie von den siegreichen Römern gönnerhaft genannt wurden. Das Ergebnis ihrer ewigen – und ewig unerfüllten – Sehnsucht nach Maß und Mitte ist die Ethik des Aristoteles, der die Tugend, die Areté, als den Ausgleich zwischen den Extremen definiert: Mut als die Mitte zwischen Tollkühnheit und Feigheit, Freigebigkeit als die Mitte zwischen Geiz und Verschwendung, Verlässlichkeit als die Mitte zwischen Biegsamkeit und Eigensinn, und wie die Begriffspaare sonst noch heißen mögen. Als Aristoteles das niederschrieb, gegen Ende des 4. Jahrhunderts, hatten die Griechen ihre heroische Zeit hinter sich. Sie waren klug und maßvoll und dabei etwas langweilig geworden.

3. WIE IM HIMMEL SO AUF ERDEN: RELIGION UND GÖTTERGLAUBE

In seiner Abhandlung über «Die Erziehung des Menschengeschlechts» wendet Gotthold Ephraim Lessing die Theorie vom Fortschreiten der Erkenntnis auf die drei ihm bekannten Religionen an, auf den antiken Polytheismus, die Vielgötterei, auf den Monotheismus der Juden und auf denjenigen der Christen. Dabei bemerkt er, wenig überraschend, eine ständige Entwicklung zum Besseren, Reineren, Wahrhaftigeren, Vollkommeneren. Da er die Lehre von der Unsterblichkeit der Seele und, damit eng verbunden, von einem Jüngsten Gericht für den Gipfelpunkt der natürlichen Religion ansieht, setzt er das Christentum auf den ersten Platz, das Judentum auf den zweiten. Die Kindheitsstufe der Religion, die griechisch-römische Götterwelt, kommt bei ihm nur am Rande vor; für sie hat er nicht mehr als ein paar kühle, letztlich verständnislose Worte übrig. Der Polytheismus ist ihm ein Irrtum, eine vielleicht notwendige, dann aber schnellstens zu überwindende Rohform des Glaubens, die nur noch in der Gestalt ihres künstlerischen Erbes Aufmerksamkeit und Sympathie verdient. Soweit es die Religion betraf, sollte die Antike in ihren Formen weiterleben, in ihren Inhalten aber nicht.

Wenige Jahre nach Lessing hat Schiller die Dinge etwas anders beschrieben und bewertet. Sein Hymnus «Die Götter Griechenlands» weiß nichts von Fortschritt und Erziehung in Dingen der Religion. Mit dem lebendigen Pathos, das ihn zum deutschesten aller deutschen Dichter gemacht hat, träumt Schiller sich in die Klassische Epoche Griechenlands zurück:

Wo jetzt nur, wie unsre Weisen sagen,
Seelenlos ein Feuerball sich dreht,
Lenkte damals seinen goldnen Wagen
Helios in stiller Majestät.
Diese Höhen füllten Oreaden,
Eine Dryas lebt' in jedem Baum,
Aus den lieblichen Najaden
Sprang der Ströme Silberschaum.

Jener Lorbeer wand sich einst um Hilfe,
Tantals Tochter schweigt in diesem Stein,
Syrinx' Klage tönt' aus jenem Schilfe,
Philomelas Schmerz aus diesem Hain.
Jener Bach empfing Demeters Zähre,
Die sie um Persephonen geweint,
Und von diesem Hügel rief Cythere,
Ach, umsonst! dem schönen Freund.

Schiller war noch geläufig, dass Cythere ein Beiname der Aphrodite ist, die um ihren Geliebten Adonis trauert; dass Demeter weinte, als Hades, der Gott der Unterwelt, ihre Tochter Persephone geraubt hatte; dass Philomela eine Frau war, die in der Gestalt einer Nachtigall um ihre Kinder klagt;

dass Pan sich die nach ihm benannte Flöte aus einem Rohr schnitzte, in das sich die spröde Syrinx verwandelt hatte; dass mit Tantals Tochter Niobe gemeint ist, die zur Strafe für ihren Hochmut von Apollon und seiner Schwester Artemis versteinert wurde.

Nach diesem Durchgang durch die antike Mythologie kehrt Schiller voller Ernüchterung und Enttäuschung in die Gegenwart zurück:

> Schöne Welt, wo bist du? Kehre wieder,
> Holdes Blütenalter der Natur!
> Ach, nur in dem Feenland der Lieder
> Lebt noch deine fabelhafte Spur.
> Ausgestorben trauert das Gefilde,
> Keine Gottheit zeigt sich meinem Blick.
> Ach, von jenem lebenswarmen Bilde
> Blieb der Schatten nur zurück.

Am Ende werden Gewinne und Verluste bilanziert, ganz anders freilich als bei Lessing:

> Alle jene Blüten sind gefallen
> Von des Nordes schauerlichem Wehn,
> Einen zu bereichern unter allen,
> Musste diese Götterwelt vergehn.

Die Anspielung ist deutlich genug, auch ohne dass der Name Jesus Christus fällt. In Schillers Augen hat das Christentum die Welt nicht bereichert, die religiösen Sitten nicht verfeinert, die Vorstellung von Gott auf keine höhere Stufe gehoben; es hat im Gegenteil die Natur entgöttlicht. Im Rahmen dessen, was eine kirchenfromme Zeit erlaubte, war das die radikale Gegenposition zu Lessing. Weder Aufstieg noch Vollendung, sondern Abstieg und Verlust: Verlust einer Naturfrömmigkeit, wie sie nur jungen Völkern eigen ist und deshalb auch nur dort gefunden werden kann.

Das heutige Empfinden steht dem Polytheismus der Antike fremd und verständnislos gegenüber. Selbst glaubenslose Zeitgenossen haben die Grundregel monotheistischer Religionen so weit verinnerlicht, dass sie mit einer von vielen Göttern bewohnten Welt schon gar nichts anfangen können. Was sie befremdet oder abstößt, ist weniger die Vielzahl selbst als deren zwangsläufige Folge, die Ähnlichkeit von Mensch und Gott. Zumal der christliche Gott ist immer wieder als der ganz Andere konzipiert worden, und das beileibe nicht nur von radikalen protestantischen Theologen.

Die griechische Religion weiß davon nichts. Wo alles voll ist von Göttern, werden Gott und Mensch einander ähnlich. Da müssen nicht nur die Götter menschliche Züge annehmen, sondern auch – und das ist sicherlich der größere Skandal – die Menschen göttliche; «göttergleich» ist denn auch ein Attribut, das seit Homers Zeiten recht großzügig an alle möglichen Menschen verteilt wird. So zu reden bringt Ansprüche mit sich, Ansprüche an sich und an andere, und das macht solche Attribute lästig. Pindar, der Dichter vieler Preisgesänge auf die Athleten, die in Olympia oder anderswo den Sieg errungen hatten, hat den Grundgedanken der griechischen Religion in Worte gefasst, als er das sonderbare Ineinander von Abstand und Nähe zwischen Gott und Mensch folgendermaßen beschrieb:

Eins ist das Geschlecht der Götter und der Menschen,
Von einer Mutter haben beide ihren Atem.
Doch ganz und gar ist ihre Macht verschieden;
Wir sind nichts, doch für sie bleibt der eherne
Himmel für immer die sichere Wohnstatt.

Heraklit, einer der ionischen Naturphilosophen, brachte das Verhältnis zwischen den einen und den anderen in die Form einer Gleichung: so wie sich das Kind zum Mann, verhält sich der Mann zu Gott. Auch da spürt man die Nähe stärker als den Abstand. Die Griechen traten ihren Göttern erhobenen Hauptes gegenüber, nicht wie Juden oder Christen, also ohne Schleier, ohne Kippa und ohne Mitra auf dem Kopf; sie waren frei, genauso frei wie die Götter, nur eben sterblich und deshalb von bescheidener Macht. Die Donnerworte, mit denen der jüdische und der christliche Gott Unterwerfung und Demut, ja Erniedrigung verlangt, hat es in Griechenland nicht gegeben. Nichts ist ungriechischer als ein Chor, der mit Schillers Worten fragt:

Ihr stürzt nieder, Millionen?
Ahnest du den Schöpfer, Welt?

Was die griechischen Götter den Menschen voraus hatten, war keines der klassischen Attribute, mit denen die Juden und die Christen ihren Gott versahen: allmächtig, allwissend und allgütig. Kein einziges von ihnen kennzeichnet selbst die machtvollsten der Götter, Athena etwa, Apollon oder Artemis. Nicht einmal Zeus, der sich doch rühmt, ganz allein, aus eigener Kraft und eigenem Vermögen, alle anderen Götter überwinden zu können, ist allmächtig, auch er ist an das Schicksal gebunden, das ihm unter den verschiedensten Begriffen entgegentritt und seiner Macht Grenzen setzt. Er kann es lenken und beeinflussen, beschleunigen oder verzögern; ändern kann er es aber nicht. Als sich sein Sohn Sarpedon im Kampf vor Troja dazu hinreißen lässt, gegen Patroklos, Achilleus' intimen Freund, anzutreten, vermag auch Zeus ihn nicht vorm Untergang zu retten. Bekümmert gesteht er seine Ohnmacht:

> *Wehe mir, wenn das Geschick den liebsten der Männer, Sarpedon,*
> *Unter Patroklos' Händen bezwingt, des Menoitiossohnes!*
> *Zweifel erfüllt uns das Herz und ich muss im Geiste bedenken,*
> *Ob ich ihn lebend entrücke dem tränenbringenden Kampfe*
> *Und ihn wieder versetze nach Lykiens blühenden Fluren,*
> *Oder bereits durch den Arm des Menoitiossohnes bezwinge.*

Woraufhin er von Hera, seiner Schwester und Gattin, mit kühlen Worten an die Grenzen seiner Macht erinnert wird:

46

Einen sterblichen Mann, schon längst dem Schicksal
*   verfallen,*
Willst du wieder dem Garn des grausamen Todes
*   entwinden?*
Tu's! Doch niemals werden die anderen Götter es loben.
Eines verkünd' ich dir noch, und du bewahr es im Herzen:
Wenn du Sarpedon lebend zurück in die Heimat
*   entführest,*
Dann bedenke, ob nicht ein anderer Gott noch begehret
Auch den eigenen Sohn der schrecklichen Schlacht zu
*   entreißen!*

Solche Worte sind dazu angetan, den Begriff «göttlich», der von den griechischen Dichtern so großzügig gebraucht wird, ins Zwielicht zu rücken. Wenn schon der Herrlichste der Götter so wenig Macht über das Schicksal besitzt: was kann es dann noch zu bedeuten haben, wenn sich ein Mann wie der sizilische Philosoph Empedokles einen «sterblichen Gott» nennt? Nimmt nicht das Eigenschaftswort «sterblich» alles das wieder fort, was das Hauptwort anzuzeigen schien? Was sich für christliche Ohren wie eine Blasphemie anhört, hat für die Griechen mit Sicherheit bescheidener geklungen: ein Gott, nun ja, und dann auch noch sterblich! Den Göttern ähnlich zu sein war ein zwiespältiges Kompliment, es bedeutete beides, Auszeichnung und Gefährdung; erst so, als Risiko, ergibt sich die prekäre Vorstellung, die sich die Griechen von ihren Göttern und damit auch von sich selbst gebildet haben. Was die Götter von den Menschen unterscheidet, ist weder

Allmacht noch Allwissen, Allgüte schon gar nicht, sondern Unsterblichkeit und ewige Jugend, ästhetische und biologische Kategorien also, keine «Theologie», von der die Griechen ohnehin nichts wussten. Die Götter waren und lebten wie wir, nur dass sie frei waren von dem, was uns Menschen als Makel anhaftet, vom Alter, verstanden als Verlust an Kraft und Schönheit, und seiner Folge, dem Tod.

Was an der griechischen Gottesvorstellung am meisten irritiert und am heftigsten empört, ist zweifellos das Fehlen von Güte. Aufs umfassende Wissen als stehendes Attribut Gottes glauben wir ganz gut verzichten zu können, zur Not wohl auch auf die überlegene Macht; auf sein Wohlwollen gegen Mensch und Welt aber keinesfalls. Wozu Götter, wenn sie die Menschen nicht lieben und deren Bestes wollen? Und doch fehlt den griechischen Göttern gerade diese Eigenschaft, das generelle Wohlwollen, auf eine fast schon ärgerliche Art und Weise. Natürlich haben sie ihre Lieblinge unter den Menschen, und die begünstigen sie, so gut es geht; sie haben aber auch ihre Feinde, und die verfolgen sie noch viel unnachsichtiger, als sie ihre Günstlinge beschützen, oft gnadenlos bis in den Tod. Die Götter sind immer gegenwärtig; und immer Partei. Die Regel, die verlangt, seinen Freunden zu nutzen und seinen Feinden zu schaden, gilt auch für sie; Athena bekennt sich ausdrücklich zu ihr, nachdem sie ihren Gegner Aias ins Unglück gestürzt hat. Die ganze Odyssee ist ein Bericht über die Rache, die Poseidon, der Meergott, an dem ihm gründlich verhassten Odysseus nimmt, und wenn der selbst auch überlebt, gehen doch alle seine Gefährten bis auf den letzten Mann zu Grunde. Odysseus selbst muss erst eine zehnjährige Irrfahrt hinter sich bringen, ehe er in die Heimat zurückkehren darf.

Die Menschen, scheint es, sind nicht mehr als Steine im Brettspiel der Götter. In der Ilias versucht Hera, den Göttervater Zeus zum Eingreifen gegen die Trojaner zu bewegen, indem sie ihm drei ihrer griechischen Lieblingsstädte zum Tausch anbietet: Der Hass der Götter ist den Menschen allemal gewiss, auf ihre Freundschaft ist dagegen kein Verlass. Kriege und Grausamkeiten, meint Nietzsche, seien für diese Götter Festspiele gewesen, «Anlass zur Erleichterung in ihren allzu langen Ewigkeiten». Tatsächlich begegnet die Gestalt des neidischen, des rachsüchtigen und mitleidlosen Gottes bis an das Ende der Klassischen Periode, bis in die Tragödien des Euripides. Im Prolog des «Hippolytos» gibt Aphrodite, die Göttin der Liebe, mit kühlen Worten ihre Absicht zu erkennen, den Favoriten ihrer Konkurrentin Artemis dafür zu bestrafen, dass er nur deren Bildnis bekränzt, an ihrem aber achtlos vorübergeht. Sie möchte an Hippolytos, dem Keuschen, ein Exempel statuieren und entfesselt einen Kampf zwischen Sinnlichkeit und Enthaltsamkeit, aus dem sie selbst, die Göttin der Sinnenlust, als Siegerin hervorgeht. Fürs Erste jedenfalls, denn die unterlegene Artemis kündigt im Epilog Rache an: das nächste Mal ist sie an der Reihe, wird sie einen Liebling der Aphrodite verderben. In den «Bakchen», einem seiner letzten Dramen, steigert Euripides das Motiv der göttlichen Rachsucht noch einmal dadurch, dass er die Mutter zu ihrem Werkzeug macht. Im Rausch hält die Thebanerin Agaue ihren Sohn Pentheus, der dem Dionysos die göttlichen Ehren verweigert hat, für ein wildes Tier, das sie zusammen mit ihren Begleiterinnen, den Bakchen, jagt und schließlich eigenhändig in Stücke reißt.

Von einem Tempel im sizilischen Selinunt stammt ein Relief, auf dem die Geschichte von Aktaion erzählt wird, dem unglücklichen Jäger, der zufällig die keusche Göttin Artemis beim Bade überrascht und dafür grausam bestraft wird. Ihm wächst ein Geweih aus den Schläfen, sodass ihn seine Hunde für einen Hirsch halten und zu Tode hetzen. Diesen Augenblick hat der Bildhauer dargestellt: Zwei seiner Hunde haben ihren Herrn von unten her angefallen, ein dritter hat sich in seinem Arm verbissen und schnappt ihm nach der Kehle – und Artemis, die göttliche Jungfrau, die es so gewollt hat, steht lächelnd, mit leicht geneigtem Kopf daneben und sieht der blutigen Szene zu, als ob sie das Ganze nichts anginge. Das Bild dürfte eine der treffendsten Illustrationen für das Verhältnis sein, in dem die Griechen sich zu ihren Göttern sahen. Es ist frei von allem Lehrhaften, Tröstlichen, Erbaulichen, von aller Moral also. Die Götter denken und fühlen, wollen und handeln wie die Menschen, nur konsequenter und machtvoller, durchschlagender und rücksichtsloser, im Guten wie im Bösen. Gezeigt wird nicht, wie das Leben sein soll, sondern wie es ist.

Die Diesseitigkeit der griechischen Götter hat immer wieder Verwunderung hervorgerufen und Anstoß erregt; im besten Falle galt sie als naiv, im schlimmeren als Sünde. Auch an Erklärungen hat es nicht gefehlt, die sich jedoch mitunter peinlicher lesen als das, was da erklärt und entschuldigt werden soll. Selbst ein so vorbehaltloser Bewunderer des griechischen

Götterhimmels wie der Mythologe Walter F. Otto windet und ziert sich, um mit der berühmten Szene fertig zu werden, wie Aphrodite, die Göttin der Schönheit, die Ehe mit ihrem höchst unansehnlichen Gatten Hephaistos bricht, indem sie sich dem jungen Kriegsgott Ares hingibt.

Unzählige Künstler haben sich von dieser Szene inspirieren lassen; sie reizte ja zur Darstellung, weil sie ganz auf Betrachtung angelegt war; und der Artist ist immerzu Betrachter, Voyeur. Aus seiner Sicht wird das Geschehen vorgetragen: Hephaistos, der göttliche Schmied, hatte von dem Verhältnis Wind bekommen und ein überaus feines, aber festes Netz angefertigt, das im entscheidenden Moment auf die beiden Liebenden herabsank. Derart gefesselt, waren sie den Blicken der Olympier ausgeliefert, die über das *in flagranti* hilflos festgesetzte Paar in dröhnendes Gelächter ausbrachen; immerhin nur die Männer, da man die weiblichen Götter aus Gründen des Anstands fern gehalten hatte. Kaum eine zweite Szene dürfte so oft geschmäht und verurteilt – und insgeheim wohl auch so oft bewundert worden sein wie diese. Denn auch und gerade die vom Unbehagen an der Kultur gebeutelten Menschen der Neuzeit hätten wohl spontan wie Hermes reagiert, den Homer auf Apollons Frage, ob nicht auch er Lust hätte, an Stelle von Ares mit Aphrodite zu schlafen, antworten lässt:

O, geschähe mir dies, fern treffender Herrscher Apollon!
Fesselten mich auch dreimal so viel unendliche Bande,
Und ihr Götter sähet mir zu und die Göttinnen alle,
Siehe, so schlief' ich gern bei der goldenen Aphrodite!

So sieht eine Religion aus, die keine Heiligen Schriften kennt. Die ohne Kanon und Katechismen auskommt. Die auf Hierarchien und Lehrämter verzichtet, weil ihre Priester eben keine Theologen sind, sondern Künstler. Die drei Machtmittel der katholischen Kirche, das Wunder, das Geheimnis und die Autorität, waren den Griechen suspekt. Da sie von einem dogmatisch erstarrten Glauben nichts wussten, waren ihnen auch dessen Gegenstücke, der Unglaube, die Ketzerei, das ganze Apostaten- und Renegatentum unbekannt. Der Prozess gegen Sokrates, weit davon entfernt, diese Einschätzung zu widerlegen, bestätigt sie geradezu, da die Anklage ja nicht auf Häresie lautete, sondern auf den Vorwurf, andere Götter zu verehren als die Stadt. Sie war nicht theologisch motiviert, sondern politisch. Interpreten der griechischen Religion waren nicht die Schriftgelehrten, sondern die Künstler, die Bildhauer und die Baumeister, die Musiker und die Maler, allen voran die Dichter, die Tragödien- und Komödienschreiber. An den Lenäen und den Dionysien, den wichtigsten Terminen im staatlich arrangierten Festkalender der Athener, hatten sie ihren großen Auftritt. Die Darbietungen im Theater waren sakrale Ereignisse, an denen der Gottesdienst von Dichtern wahrgenommen wurde. Die wichtigste dieser Autoritäten war und blieb Homer; die zweimal vierundzwanzig Gesänge seiner Ilias und seiner Odysee dürften die meisten Griechen auswendig gekannt haben.

Seine Deutung von Gott und Mensch hat die großen Themen vorgegeben, die seither die europäische Literatur beherrschen: Vernunft und Leidenschaft (Medea), Freiheit und Notwendigkeit (Prometheus), öffentliche und persönliche Moral (Antigone), Rachsucht und Versöhnung (Philoktet), natürlich auch das Thema aller Themen, Schuld und Sühne. Mit seinem König Ödipus, den Aristoteles mit gutem Grund als Beispiel für die vollkommene Tragödie erwähnt, gibt Sophokles auf die Frage nach Schuld und Schicksal letztlich dieselbe Antwort wie der Evangelist, der Jesus am Vorabend der Kreuzigung zu seinen Jüngern sagen lässt: «Zwar des Menschen Sohn geht hin, wie von ihm geschrieben steht; weh aber dem Menschen, durch welchen des Menschen Sohn verraten wird! Es wäre demselben Menschen besser, dass er nie geboren wäre.»

Die Frage: Warum Strafe für eine Tat, die unvermeidlich war, drängt sich auf. Warum muss Judas sich erhängen und Ödipus sich blenden, wenn beide doch nur taten, was sie tun mussten? Wie kann Judas persönlich schuldig und gleichzeitig zum gottgewollten Werkzeug der Erlösung werden? Weshalb bestraft sich Ödipus für eine Tat, die zu vermeiden nicht in seiner Macht lag? Wo bleibt die ewige Gerechtigkeit, wenn Gott erwählt, wen er will, und verwirft, wen er will? Die Widersprüche lassen sich nicht lösen, sie können nur dargestellt werden, und das geschieht in der Bibel genauso wie bei Sophokles, der seinen Ödipus am Ende der Tragödie sagen lässt:

Das war Apollon, Apollon, meine Freunde,
Der diese Leiden über mich verhängt hat.

Um gleich in den nächsten Versen hinzuzusetzen:

Niemand hat mir dies angetan
Als ich allein, ich Mann des Unglücks.

So klang es schon bei Homer, bei dem die Menschen die Götter für Dinge verantwortlich machen, die sie im selben Atem-
zug sich selbst zuschreiben. So klingt es auch in Schillers
«Wallenstein», der schließlich, an seinem Sternenglauben irre
geworden, zur Einsicht kommt: «Wir handeln, wie wir müssen.» Und so klingt auch die Antwort der modernen Hirn-
forschung, die ihr deutscher Exponent Wolf Singer auf die
von ihm selbst ausdrücklich als trivial eingestufte Erkenntnis
reduziert, dass eine Person tat, was sie tat, «weil sie im frag-
lichen Moment nicht anders konnte – denn sonst hätte sie
anders gehandelt.» Gegenüber so viel Spitzfindigkeit hat die
griechische Antwort den beträchtlichen Vorzug, die end- und
uferlosen Fragen nach Wille, Freiheit und Gerechtigkeit dadurch abzukürzen, dass sie die Sache auf sich beruhen lässt.
Dabei kommt ihr die Sprache zu Hilfe, weil das Griechische für
«Schuld» und «Ursache» ein und dasselbe Wort besitzt, Aitia.
Schuldig wird man auch da, wo man nicht anders konnte. Für
die beliebte Preisfrage nach dem Verhältnis von individueller
und gesellschaftlicher Verantwortung, nach Haftung oder
Freispruch bleibt da nur wenig Raum, und das ist gut so. Die
Antwort steht ja doch seit jeher fest und lautet: Der Mensch
kann schuldig werden, also ist er es. Das war die griechische
Antwort, und weiter sind auch wir noch nicht gekommen.

Die Quintessenz aus alledem ist nicht sehr trostreich, zur Bewältigung des Lebens aber eher geeignet als die Hoffnung auf Erlösung oder Fortschritt. Sie lautet: Es gibt keine Gerechtigkeit, weder dort, wo die Christen sie erwarten, im Himmel, noch in den irdischen Paradiesen, wie sie in den Programmschriften aller fortschrittlichen Parteien ausgemalt und beschrieben werden. Ein Jenseits im christlichen Sinne haben die Griechen nicht gekannt, vor den Tagträumen der Sozialisten hat sie ihr Realismus bewahrt. In ihren Augen gibt es keinen Ausgleich, kein Jüngstes oder sonstiges Gericht, keine ewige Seligkeit und keine ewige Verdammnis; wo solche Gedanken auftauchen, stammen sie ausnahmslos aus späterer Zeit, zumal von Platon, den christliche Autoren nicht zu Unrecht in Verdacht hatten, eine *anima naturaliter christiana* zu sein. Er und sein Lehrer Sokrates brachen mit der griechischen Tradition, als sie versuchten, die moralferne Religion ihrer Vorfahren dem Urteil einer moralisierenden Philosophie zu unterwerfen.

In den gut dreihundert Jahren, die von Homer bis zum Ende des Peloponnesischen Krieges vergangen sind, hat die griechische Volksfrömmigkeit von solchen Dingen nichts gewusst, nichts wissen wollen. Sie passten nicht zu der robusten Diesseitigkeit dieser Religion und ihrem spröden Zauber. Ihre Götter sind Herren über das Leben, nicht über den Tod; auch sie sind der Notwendigkeit und dem Verhängnis unterworfen. Der Göttersohn Asklepios, der sich vermaß, Tote ins Leben zurückzurufen, wurde zur Strafe dafür von Zeus mit dem Blitz erschlagen: So etwas war selbst Göttern nicht erlaubt. Auch sie hatten den Tod zu respektieren; stand er bevor, mussten sie ihre Schützlinge verlassen: so Apollon den Hektor, so Thetis den Achilleus, so Artemis den Hippolytos. Mit dem Tod war die Herrschaft der Götter zu Ende.

So wenig wie die Menschen im Diesseits entschädigt oder im Jenseits gerichtet werden, können die Götter verklagt oder zur Verantwortung gezogen werden. Auf einen so sonderbaren Gedanken wie die Theodizee, den Prozess gegen Gott, in dem sich dieser unter beträchtlichem Aufwand an menschlichem Scharfsinn gegen den Vorwurf verteidigen muss, die Welt schlecht eingerichtet zu haben, sind die Griechen nie gekommen; sie konnten das auch nicht, weil ihre Götter zur Güte gar nicht erst verpflichtet waren. Das Einzige, was sie verlangten, war Respekt und Verehrung, ein Anspruch, den sie aus der Natur der Dinge selbst bezogen. Was sie den Menschen mitzuteilen hatten, nahm nicht die Form von Geboten oder Verboten an. Sie sagten nicht «Du sollst» oder «Du sollst nicht», sprachen grundsätzlich nicht im Imperativ, sondern im Konditional, in der Bedingungsform: «Wenn ihr das und das tut oder lasst, wird das und das die Folge sein»: Viel mehr als diese Art von Lebensweisheit hatten die Götter den Griechen nicht zu bieten. Wenn der Trojaner Pandaros mit seinem verhängnisvollen Pfeilschuss den zwischen Griechen und Troja beschworenen Waffenstillstand bricht, muss die Stadt fallen; wenn Agamemnon seine Tochter opfert, wird er von Klytaimnestra bei seiner Rückkehr erschlagen werden; wenn Laios und Jokaste einen Sohn zeugen, wird er den Vater töten und die Mutter heiraten: Das sind die Lehrsätze dieser Religion. Mehr gibt es nicht.

Jeder Gott sagt das auf seine Weise und lässt die Welt in seinem Licht erscheinen: Artemis im Schimmer des frühen Morgens, Apollon im hellen Licht der Mittagszeit, Aphrodite im warmen Schein des schwindenden Tages, der Aussicht bietet auf die Freuden der Nacht. Diese Götter waren keine katholischen Heiligen mit klar umrissenem Verantwortungsbereich, zuständig für verlorene Schlüssel, verrenkte Gliedmaßen oder das Glück auf der Wildschweinjagd. Jeder von ihnen verkörperte das Leben in vollem Umfang, allerdings unter einem je eigenen, für ihn typischen Aspekt. Da kommt es dann zu sonderbaren Bündnissen und Konkurrenzen: Patrone des Handwerks waren beide, Athena und Hephaistos, der eine stand jedoch für Kraft und manuelles Geschick, die andere für den originellen Einfall, den gekonnten Entwurf und seine gelungene Ausführung. Sie boten sich nicht als Hilfskräfte bei dieser oder jener Verrichtung an, sondern stellten das Leben insgesamt unter einen bestimmten, unter *ihren* Stern.

Das Leben erschien den Griechen nicht leicht und luftig, in rosa und hellblauen Farben, sondern hart, ungerecht, mühevoll, unstet und vergänglich. Wahrscheinlich haben sie es auch deshalb so aufwendig verherrlicht und so leidenschaftlich geliebt, weil sie an ihm so viele dunkle Seiten entdeckt hatten, mit denen es fertig zu werden galt. Das Leben musste ausgehalten werden, in allen seinen Höhen und Tiefen, und dazu brauchte man die Götter. Sie waren die Garanten dafür, dass das Leben allen Erwartungen und allen Enttäuschungen, allen Hoffnungen und allen Befürchtungen zum Trotz einen Sinn hatte. Wenn überhaupt so etwas wie Erlösung, versprachen diese Götter Erlösung durch Anschauung. Und sie versprachen sie dort, wo sie für einen Griechen einzig denkbar war, im Diesseits. Denn für den Gott, sagt Heraklit, sind alle Dinge schön, gut und gerecht; nur den Menschen kommt das eine gerecht vor und das andere ungerecht.

Artemis, die Hunde auf Aktaion hetzend. Metope vom Heratempel in Selinunt.

4. DAS POLITISCHE LEBEWESEN:
DIE ERFINDUNG DER DEMOKRATIE

Um die Mitte des fünften Jahrhunderts machte in ganz Griechenland ein neuer Berufsstand von sich reden, die Sophisten. So nannten sich bezahlte Weisheitslehrer, die den Menschen versprachen, sie nicht nur klüger, sondern vor allem lebenstauglicher zu machen. Protagoras scheint einer der ältesten unter ihnen gewesen zu sein, wahrscheinlich auch der bedeutendste. Selbst Platon, der an den Sophisten sonst kein gutes Haar lässt, behandelt ihn in dem gleichnamigen Dialog mit erkennbarem Respekt. Von dem jedenfalls zeugt die schöne Szene, die Sokrates beim Betreten des Hauses vorfindet, in dem Protagoras für die Dauer seines Athener Aufenthalts abgestiegen ist. Dort wandelt er in Ruhe auf und ab, begleitet von einem Schwarm ehrfurchtsvoller und wissbegieriger junger Leute, die etwas von den Worten des berühmten Mannes erhaschen wollen. Jedesmal, wenn der Meister und seine Favoriten den Raum durchmessen haben, teilt sich die ihnen folgende Schar, nimmt rechts und links der Wände Aufstellung und schließt sich erst dann hinter ihnen wieder zusammen, wenn der gelehrte Mann und seine engere Begleitung kehrtgemacht haben und an ihnen vorbeigezogen sind.
Gegenstand des anschließenden Gesprächs, in das Protagoras von Sokrates verwickelt wird, ist die Frage, ob die Tugend lehrbar sei. Zur Einführung gibt der Sophist einen Mythos,

eine Erzählung über die Entstehung und das Wesen des Menschengeschlechts zum Besten. Danach hat Epimetheus, der Zu-spät-Denkende, den ihm erteilten Auftrag, die Kreaturen lebenstüchtig auszustatten, höchst unvollkommen erfüllt. Nachdem er den verschiedenen Tierarten das Überleben dadurch gesichert hatte, dass er ihnen überlegene Kraft, extreme Schnelligkeit oder die Fähigkeit zur Tarnung gab, stellte er fest, dass nichts mehr übrig war, als es darum ging, die Menschen ähnlich wirkungsvoll auszustaffieren. Der Mensch als Mängelwesen, unbehaart, unbeschuht und unbewaffnet, den größeren Tieren an Stärke, den kleineren an Schnelligkeit und allen gemeinsam an natürlichem Schutz gegen die Unbilden der Witterung unterlegen: Hier taucht sein Bild zum erstenmal in der Geschichte auf; es sollte noch zum Leitbild einer ganzen Wissenschaft, der Anthropologie, werden und Männer wie den Soziologen Arnold Gehlen mit Anschauung zu ihrer Theorie versorgen. In dieser kritischen, für den Menschen lebensbedrohlichen Lage kommt Prometheus, der Voraus-Denkende, seinem Bruder zu Hilfe und macht dessen Vergesslichkeit dadurch wett, dass er den Menschen zusammen mit dem Feuer die Fähigkeit schenkt, Waffen und Werkzeuge herzustellen und sich mit deren Hilfe gegen alle Gefahren zur Wehr zu setzen.

Nach dieser Einleitung fährt Protagoras fort: «Da der Mensch durch das Feuer nun Anteil hatte an den Vorzügen der Götter, war er unter allen Geschöpfen das einzige, welches an Götter glaubte. Darüber hinaus formte er Sprache und Worte und erfand sich Wohnung und Kleidung, Schuhe und Betten sowie seine Nahrung aus den Gewächsen der Erde. So ausgestattet, wohnten die Menschen zunächst noch vereinzelt; Städte und Staaten gab es damals nämlich nicht. Die Kunst ihrer Hände gewährte ihnen Hilfe zum Lebensunterhalt, zum Kampf gegen die wilden Tiere waren sie aber nicht im Stande, weil sie die staatsbürgerliche Kunst noch nicht besaßen, von der die Kriegskunst ein Teil ist. So versuchten sie nun, sich zu vereinigen und gemeinsam zu erhalten, indem sie Städte gründeten. Dabei taten sie einander aber Unrecht und Schaden, weil sie die Kunst, einen Staat zu verwalten, noch nicht kannten. Und so zerstreuten sie sich von neuem und kamen um. Da geriet Zeus in Sorge, dass das Menschengeschlecht vollends aussterben könnte; das zu verhindern, schickte er Hermes, den Götterboten, zu den Menschen, um ihnen Anstand und Rechtsbewusstsein zu verleihen. Hermes fragte den Zeus, wie er die beiden Gaben unter die Menschen verteilen solle: so wie die Künste, wo ein Kundiger ausreicht, um viele Unkundige zu versorgen? Oder an alle in gleicher Weise? «An alle in gleichem Maß», antwortete Zeus. «Alle sollen Teil an ihnen haben. Denn Staaten können nicht bestehen, wenn nur wenige Gerechtigkeit und Anstand besitzen. Gib ihnen deshalb in meinem Namen das Gesetz, dass sie die Schamlosen und die Ungerechten als einen Krebsschaden betrachten und aus dem Staat vertilgen!»

Was Protagoras hier vorträgt, ist die gemeingriechische Ansicht über die Ursprünge von Staat und Gesellschaft. Der Unterschied zu den neuzeitlichen Theorien, die allesamt mit dem Vertragsgedanken operieren, um dann, wenn der Vertrag

gescheitert ist, mit dem Vorschlag aufzuwarten, ihn neu aus-
zuhandeln, springt in die Augen. Alle diese Vertragstheorien
setzen ja einen Urzustand voraus, in dem die Menschen ein
Leben ohne oder außerhalb der Gesellschaft geführt haben
sollen: etwas, was es Protagoras zufolge niemals gegeben
hat. Das asoziale Leben war für die Griechen unvorstellbar;
Polyphem, der Sohn des Poseidon, der Odysseus und seine
Gefährten in seiner Höhle gefangen hält, um einen nach dem
anderen zu verschlingen, lebt zwar allein, nur in Gesellschaft
seiner Ziegen und allenfalls in Rufkontakt zu seinen näheren
Verwandten. Er ist deswegen aber auch kein Mensch, sondern
ein einäugiger Riese, ein Ungeheuer, ein Zyklop. Gleichgültig,
ob man das Leben im Urzustand verherrlicht, wie Rousseau
das getan hat, oder mit Hobbes als kurz, hart, grausam und
brutal verwirft: Im griechischen Denken über den Staat, seine
Entstehung und seine Aufgaben, taucht diese Art von Leben
entweder gar nicht auf oder wenn, dann nur als reiner Hor-
ror, dem man so schnell wie möglich zu entfliehen sucht. Die
simple Definition des Menschen als soziales, gemeinschafts-
bildendes Lebewesen entzieht solchen Spekulationen von
Anfang an den Boden und hat auf diese Art das politische
Denken der Griechen vor allerlei Um- und Abwegen bewahrt.
Aristoteles spricht auch hier für seine Landsleute, wenn er
den Staat «ursprünglicher» nennt als den Einzelnen. Der mo-
dischen Behauptung, der Staat sei für den Menschen da, nicht
umgekehrt, hätte er widersprochen und gefragt, ob denn nicht
beide füreinander da wären.

Dieser Gedanke hat die Griechen zu Erfindern der Politik

gemacht: Politik verstanden als angewandtes Wissen um die Vorzüge der Gemeinschaft. Die Vielen, heißt es bei Aristoteles, können nun einmal mehr bewirken als jeder Einzelne allein. Aus der Erfahrung, dass jede Herrschaft, will sie den Vorwurf der Gewaltsamkeit vermeiden, auf die Zustimmung der Beherrschten angewiesen ist, zogen die Griechen die Konsequenz, das Volk nach seiner Meinung zu befragen. *Quod omnes tangit, ab omnibus comprobetur* – «Was alle angeht, muss von allen gebilligt werden» – hieß die Formel, auf die spätere Zeiten diese urgriechische Erfindung gebracht haben; sie gilt bis heute. Das Legitimitätsprinzip, das Herrschaft nur auf Zeit gestattet und ihre Ausübung an die Zustimmung der Machtunterworfenen bindet, geht nicht auf die englischen, die amerikanischen oder die französischen Revolutionäre zurück, sondern auf die Bürger der Stadt Athen; und es ist niemals wieder so radikal verwirklicht worden wie dort. Ein Bürger dieser Stadt war zum Gehorsam nur gegen solche Gesetze verpflichtet, die er selbst mitbeschlossen hatte. Nur so war es ihm möglich, «nach seines Herzens Lust zu leben», wie Euripides das politische Ideal seiner Heimatstadt einmal umschreibt.

Auch hier verrät die Sprache, was die Menschen dachten, wie sie die Welt und damit auch sich selbst ansahen. Sie bündelt in einem einzigen Wort, was anderswo aus ganz verschiedenen Wurzeln stammt. Staat, Bürger und Verfassung, im Deutschen drei Wörter von unterschiedlicher Herkunft, haben im Griechischen ein und denselben Ursprung. Der Staat heißt polis, der Bürger polites, die Verfassung politeia. Kunstwörter wie Verfassungspatriotismus oder Zivilgesellschaft, um die neuerdings so viel Wind gemacht wird, hätten die Griechen gar nicht bilden können. Sie wären ihnen als das erschienen, was sie in Wahrheit ja auch sind, als Pleonasmen, die mehr versprechen, als sie halten können.

Nie wieder ist das demokratische Ideal, die Identität von Herrschern und Beherrschten, so ernst genommen worden wie in Athen, nicht einmal in den Schweizer Kleinkantonen mit ihren Volksversammlungen unter freiem Himmel. Die Menschen, schreibt der französische Althistoriker Fustel de Coulanges im Hinblick auf den Alltag in Athen, verbrachten ihre Zeit damit, sich selber zu regieren. Wenn man sich die Menge der politischen Ämter, die Fülle der Termine und die Unzahl der Verpflichtungen vor Augen stellt, die zu besetzen oder wahrzunehmen waren, muss das buchstäblich wahr gewesen sein. Allein die Volksversammlung, das oberste (und einzige) Beschlussorgan, tagte rund vierzigmal im Jahr. Zu Beginn der Aussprache über die Vorlagen, die der Rat, ein geschäftsführender Ausschuss von ein paar hundert Mitgliedern, ausgearbeitet hatte, lud der Herold mit der rituellen Frage «Wer der Stadt etwas Gutes raten könne» die Anwesenden zur Wortmeldung ein. Dort, auf der Pnyx, wo die Ekklesia zusammenkam, war jeder Bürger Wähler und Redner, Abgeordneter und Vollzugsbeamter zugleich. Weitere Rollen als Diplomaten, Finanzverwalter, Priester, Richter oder Soldaten kamen bei Bedarf hinzu. Wenn Perikles in der berühmten Leichenrede, die ihm Thukydides in den Mund legt, daran erinnert, dass «nur bei uns», in Athen also, ein Mensch, der an der Politik keinen Anteil nimmt, nicht etwa ein stiller, sondern ein schlechter

Bürger heiße, war das nach allem, was man weiß, die reine Wahrheit.

Die Ämter, auch die formal höchsten wie die der Archonten, wurden durch Los vergeben. Denn das Los schien den Griechen für die Demokratie ebenso konstitutiv zu sein wie die Auswahl für die Oligarchie; es war sinnfälliger Ausdruck für die Gleichheit aller vor dem Gesetz. Bei einer Bürgerschaft von einigen zehntausend Männern und einer vierstelligen Zahl von jährlich neu zu besetzenden Stellen sprach alles dafür, dass jeder Bürger mindestens einmal im Leben Politik nicht bloß zu beurteilen hatte, sondern machte, machen durfte und machen musste. In Athen herrschten die Amateure, auf allerdings beträchtlichem Niveau. Auch das einzige Staatsamt, das nicht durch Los, sondern durch Wahl vergeben wurde, das Kommando über die Flotte und das Heer, konnte schon deshalb nicht mit Spezialisten besetzt werden, weil es Berufssoldaten gar nicht gab. Beim Feldzug gegen die Insel Samos war der Tragödiendichter Sophokles Kommandierender General des athenischen Kontingents, dem auf samischer Seite ein anderer Amateur, der Philosoph Melissos, gegenüberstand. Das beträchtliche Selbstbewusstsein, das die Griechen auszeichnete, das ihnen nachgerühmt oder zum Vorwurf gemacht wurde, kam nicht von ungefähr. Es hatte seine guten Gründe in der Erfahrung, dass jedermann, Mut, Neugier und Intelligenz vorausgesetzt, tatsächlich alles leisten konnte.

Nach griechischen Maßstäben hätte keine der modernen Demokratien das Recht, sich so zu nennen. Der Staat habe dann seine richtige Größe, schärft Aristoteles seinen Lesern immer wieder ein, wenn jeder Bürger jeden kennen könne. «Denn um entscheiden zu können, was richtig ist, und um die Staatsämter mit den fähigsten Leuten zu besetzen, müssen die Staatsbürger einander kennen und wissen, was jeder von ihnen kann», heißt es in seiner «Politik». Das Einheitsgefühl unter den Bürgern zu erhalten und zu stärken war das bestimmende Motiv für die Verfassungsgeber, die nicht nur in Sparta und in Athen, sondern in ganz Griechenland ihre Spuren hinterlassen haben. Ein kurioses Beispiel dafür ist das Klagerecht, das Solon jedem Bürger auch in solchen Sachen zugestand, die ihn selbst gar nichts angingen. «Wenn einer geschlagen oder misshandelt oder geschädigt worden war, so stand es jedem, der das konnte und wollte, frei, den Beleidiger anzuklagen und zu belangen», berichtet Plutarch in seiner Solon-Biographie über diese sonderbare Regelung. Zu ihrer Begründung unterstellt er dem Gesetzgeber die Absicht, die Bürger daran zu gewöhnen, «sich gleichsam als Glieder desselben Körpers zu fühlen und untereinander dieselben Gefühle zu entwickeln.» Wie anders wäre dies möglich gewesen als durch ein Klagerecht für jedermann, da es so etwas wie eine Staatsanwaltschaft, die *ex officio* tätig wird, um diese Zeit ja noch nicht gab?

Die hässliche Kehrseite dieser Einheits-und-Gleichheits-Gesinnung war die Allgegenwart von Verdacht und Neid, von Argwohn und Schnüffelei. Seine Exponenten waren die Sykophanten, berufsmäßige Denunzianten, die vorgaben, ihre Bürgerpflicht zu erfüllen, wenn sie die Lebensgewohnheiten und Vermögensverhältnisse ihrer Mitbürger auskundschafteten und sie in der Absicht, ihnen eine Verfehlung nachzuweisen, vor Gericht brachten. Kaum eine Komödie des Aristophanes, in der nicht einer von diesen Saubermännern auftritt und an die Schattenseiten der radikalen Öffentlichkeit erinnert, wie sie in der attischen Demokratie üblich war. In einem leichtgläubigen und übermütigen, ebenso hochherzigen wie missgünstigen Volk wie den Athenern fanden sie Arbeit genug und viel zu leicht Gehör. Der Privatmann, der nur den eigenen Interessen lebte und überall auf seinen persönlichen Vorteil sah, war ja der «Idiot», der nichts von der Glückseligkeit verstand. Er galt als Inbegriff des falschen Lebens; im richtigen fielen Privat und Öffentlich weitgehend zusammen. Das war die Basis für die Tätigkeit der Sykophanten.

Die Einrichtung der Leiturgia, einer öffentlich verlangten Leistung aus privaten Mitteln, zeigt am besten, wie gründlich in Athen die beiden bei uns streng getrennten Sphären ineinander flossen. Die Verpflichtung zur Liturgie wurde öffentlich ausgesprochen und ging nach Art und Umfang weit über das hinaus, wofür sich heutige Spender als Wohltäter feiern lassen. An die hundert solcher Liturgien waren jährlich fällig, meist in der Form, dass sie den Bürger zur Ausstattung eines Festzuges, zu einer Theateraufführung oder zum Bau und zur Ausrüstung einer Triere, des Kriegsschiffes der Klassischen Epoche, verpflichteten. Die Ausgaben waren gewaltig und gar nicht selten dazu angetan, den Träger finanziell zu ruinieren. Entziehen konnte man sich ihnen nur dadurch, dass man einen anderen in der Absicht, die Sache an ihn loszuwerden, als wohlhabender als sich selbst hinstellte. Der wiederum konnte sich durch das Angebot wehren, das eigene Vermögen mit dem ursprünglich Verpflichteten zu tauschen; gelang ihm das, war er die Sondersteuer los, sein Vermögen aber auch. Die attische Komödie ist niemals müde geworden, sich über die Folgen dieser abenteuerlichen Konstruktion zu amüsieren. Einer ihrer Helden beklagt sich über die ruinösen Folgen der Liturgie mit folgenden Worten:

> Bist du als ein Mensch geboren und du rechnest damit, dass
> Irgendein Besitz im Leben dir mit Sicherheit verbleibt,
> Irrst du sehr. Die Sondersteuer raubt dir alles, was du hast,
> Oder plötzlich ruiniert dich irgendein Gerichtsprozess.
> Oder als gewesner Feldherr haftest du für den Verlust;
> Zum Choregen ausersehen, lieferst du für deinen Chor
> Goldne Mäntel; um dann selber Lumpenkleider anzuziehn.

So sah die schöne Theorie der Gemeinnützigkeit in der Praxis aus. Das Eigentum sollte, wie Aristoteles schreibt, «in gewisser Weise» Gemeingut werden, «im Wesentlichen» aber Privatbesitz bleiben: was leichter gesagt als getan war. Sozialpflichtigkeit so auszugestalten, dass sie auch praktikabel war, ist selbst den einfallsreichen Athenern nicht gelungen. Trotzdem haben sie an ihrer Sondersteuer festgehalten, solange es Athen als selbständigen Stadtstaat gab.

Öffentlichkeit war die Voraussetzung für das, was allen Griechen, keineswegs nur den Athenern, so ungeheuer viel wert war, den Wettkampf. Sie brauchten das Publikum als die Instanz, vor der sie antreten konnten, um aller Welt zu beweisen, wer von ihnen der Beste war, mit welcher Leistung und in welcher Disziplin auch immer. Nur die Öffentlichkeit bot die Kampfpreise, um die es den Griechen zu tun war, den Ruhm zu Lebzeiten und die Bewunderung der Nachwelt. So gut wie alles, was die Griechen unternahmen, geriet ihnen zum Wettkampf, der Sport genauso wie das Theater, wo grundsätzlich mehrere Dichter gegeneinander antraten.

Die denkbar weiteste Arena bot jedoch das grenzenlose Feld der Politik. Hier kämpfte jeder auf seine Weise und mit seinen Gaben, Perikles mit der Macht des Wortes, Alkibiades durch maßlose Verschwendung, Aristeides als Ausbund an Gerechtigkeit, Themistokles durch Mut, Verschlagenheit und List. So entstand jene einzigartige Symbiose zwischen dem Einzelnen und dem Ganzen, von der eine der vielen Anekdoten berichtet, die Plutarch in seiner Themistokles-Biographie überliefert hat. Von ihm, dem in ganz Griechenland berühmten Sieger von Salamis, soll ein Bewohner der kleinen und unbedeutenden Insel Seriphos behauptet haben, dass er all seinen Ruhm nicht sich selbst, sondern seiner Vaterstadt zu verdanken habe. Woraufhin Themistokles geantwortet haben soll: «Du hast Recht: Als Seripher wäre ich nicht berühmt geworden, du als Athener aber auch nicht.»

Der Stolz, der sich in solchen Aussprüchen verrät, war kein Vorrecht der großen Herren. Der Seesieg von Salamis, wo die verbündeten Griechen die im Verhältnis 5:1 überlegenen Perser geschlagen hatten, war ein Werk aller Bürger gewesen, auch der kleinen Leute, die auf den Kriegsschiffen als Ruderer ihren Dienst taten. Das hatte ihr Selbstbewusstsein gehoben und bis zur Aufsässigkeit gesteigert. Als Miltiades, unter dessen Führung die Athener ein persisches Kontingent bei Marathon besiegt hatten, in der Volksversammlung um einen Ehrenkranz für seine Leistung bat, trat ihm irgendein namenloser Mitbürger entgegen und wies das Ansinnen mit den unfreundlichen, vom Volk aber beifällig aufgenommenen Worten zurück: «Wenn du einmal allein mit den Barbaren kämpfst und sie besiegst, Miltiades, dann kannst du auch für dich allein die Auszeichnung verlangen.» Als Bürger von Athen traute man sich alles Mögliche zu, achtete aber eifersüchtig darauf, dass kein anderer mehr beanspruchte und damit vielleicht mehr erreichte als man selbst. Die Gleichheit wurde bitterernst genommen, zumindest unter denen, die das Bürgerrecht besaßen. Und es gab zwei Wege, ihr näher zu kommen: indem man sich selbst groß oder alle anderen klein redete.

Die Freien ohne Bürgerrecht blieben von dieser Konkurrenz weitgehend ausgeschlossen, Frauen natürlich auch, Sklaven erst recht. Als Freie und Gleiche zählten nur die Bürger. Um diesen Zustand zu erreichen, gingen die Griechen ziemlich weit. Noch Plutarch rühmt dem Verfassungsgeber der Spartaner nach, das Höchste erreicht zu haben, was es für ihn und seinesgleichen zu bewirken gab: dafür gesorgt zu haben, dass in der Stadt weder arme noch reiche Bürger lebten. In Athen blieb das Gleichheitsstreben auf Maßnahmen zum Schuldenerlass beschränkt; sie waren nötig, weil Überschuldung abhängig machte, am Ende sogar in die Sklaverei führen konnte und damit das höchste Gut bedrohte, das es für einen Athener

Bürger gab, die Freiheit. Hinter der Freiheit hatte die Gleichheit zurückzustehen; aus ganz Gleichen, sagt Aristoteles zu Recht, könne man keinen Staat errichten. Das ist ganz offensichtlich richtig, auch wenn es die Gleichstellungsgesetzgebungsbürokratie von heute anders sieht.

Wo die Bürgergesellschaft zu Ende war, fing die Klassengesellschaft an. Ein nicht sehr zuverlässiger Bericht aus später Zeit nennt für Athen folgende Zahlen: gut 21 000 Vollbürger, rund 10 000 Mitbewohner, soll heißen: Freie ohne Bürgerrecht, und an die 100 000 Sklaven. Mag diese letzte Zahl auch übertrieben sein und allenfalls auf die Zeit passen, als Athen unter römischer Herrschaft stand: Die Wahrscheinlichkeit, in Athen einem Sklaven über den Weg zu laufen, war zweifellos größer als die, einem freien Bürger zu begegnen. Die Sklaven waren rechtlos; aber Rechtlosigkeit bedeutete noch lange nicht, dass sie ein menschenunwürdiges Leben führen mussten. Die Erfinder des Kampfbegriffs «Sklavenhaltergesellschaft» haben vom einen, dem Status, allzu schnell auf das andere, den Alltag, geschlossen und sind dabei zum Opfer ihrer Ideologie geworden. Zumindest in Athen hat es eine Herrenkaste wie in Sparta, die von der planmäßigen Unterdrückung der Heloten lebte, nicht gegeben, im Gegenteil war die Sitte des Freilassens oder Freikaufens weit verbreitet – notwendigerweise, denn die Gefahr, als Sklave verkauft zu werden, gehörte zu den Risiken des Alltags. Die Freilassung war der erste Schritt, den Sklaven zum Mitbewohner, zum Bürger ohne Bürgerrechte zu machen. Leistung, Bewährung und Anerkennung vorausgesetzt, konnte man später dann zum Vollbürger aufrücken.

Wie kurios die Maßstäbe waren, die dabei angelegt wurden, lässt das Beispiel eines Akrobaten erahnen, dem die Athener «wegen seiner Geschicklichkeit im Ballspiel» nicht nur das Bürgerrecht verliehen, sondern auch eine Statue errichteten. Der Mann war freilich Trainer Alexanders des Großen, und das mag die Maßstäbe verdorben haben.

Ein Bericht über das Ausmaß, in dem des Streben nach Auszeichnung und Vorherrschaft das Leben bestimmt hat, wäre unvollständig ohne die hässliche Kehrseite dieser Leidenschaft erwähnt zu haben, die Grausamkeit. Auch darin hat dieses Volk Außerordentliches geleistet. Dieselbe Härte und Rücksichtslosigkeit, mit der sie um den Sieg kämpften, haben die Griechen gegen die Unterlegenen an den Tag gelegt, auch dann und dann sogar erst recht, wenn diese Angehörige des eigenen Volkes waren. Das Leben war Kampf, und der verlangte seine Opfer. Vergleichsweise harmlos war das Mittel, das sich die Athener hatten einfallen lassen, um dem Konkurrenzkampf im Inneren des Staates die Spitze zu nehmen, das Scherbengericht. Es erlaubte, einen Staatsmann auf zehn Jahre ins Exil zu schicken, ohne Begründung und ohne Urteil. Diese Verbannung war keine Strafe, sondern die *ultima ratio*, einen politischen Konflikt, der seine Protagonisten und mit ihnen die Stadt ins Unglück zu stürzen drohte, dadurch zu entschärfen, dass man einen der Konkurrenten zum Aufgeben zwang. Im Kampf gegen äußere Feinde ging es härter zu. Da herrschte ein Maß an Gnadenlosigkeit, das gerade bei einem hochkultivierten Volk wie den Griechen Wunder nimmt. Thukydides hat ebenso eindrucksvoll wie abstoßend von den Exzessen berichtet, zu denen sich Athener und Spartaner bereit fanden, nachdem sie sich heillos ineinander verbissen hatten. Er hat beobachtet und geschildert, wie der Krieg die Sitten verrohen ließ und Sieger und Besiegte gleichermaßen entstellte. Die Folgen waren verderblich für alle. In den Steinbrüchen von Syrakus sind die kriegsgefangenen Athener zu Tausenden vor die Hunde gegangen, ohne dass auch nur ein Versuch gemacht worden wäre, sie freizukaufen. Nach ihrer letzten und definitiven Niederlage gegen Sparta in der Seeschlacht an den Ziegenflüssen wurden 3000 Athener auf Befehl des spartanischen Admirals Lysander kurzerhand umgebracht. Aber auch später, in friedlicheren Zeiten, war es nicht ungewöhnlich, dass die im Krieg siegreiche Partei ihre Gegner ohne Prozess abschlachten ließ. In Argos kamen auf diese Weise 1200 Männer ums Leben, deren ganzes Verbrechen darin bestanden hatte, im Bürgerkrieg auf der falschen Seite gestanden zu haben. Die Beispiele lassen sich mehren.

So sind die Griechen letztlich an sich selbst gescheitert. Was die Perser mit ihrem Riesenaufgebot an Truppen und Schiffen nicht zu Stande gebracht hatten, die Unterwerfung dieses Volkes und die Zerstörung seiner Freiheit, haben sie am Ende selbst besorgt. Dieselben Eigenschaften, die sie in ihren besten Jahren weit über andere Völker hinausgehoben hatten, ihr Stolz, ihr Ehrgeiz, ihr Geltungsbedürfnis und ihre Eitelkeit, haben sie schließlich in die Knie gezwungen: erst die Athener im Kampf gegen Sparta, danach die Spartaner gegen die Thebaner, dann Theben gegen Philipp von Makedonien, am Ende alle gemeinsam gegen die neue Vormacht im Mittelmeer, gegen Rom. Überlebt haben die Griechen als Kulturvolk; mit dem, was sie politisch gewollt, geleistet und verteidigt hatten, mit ihrer Freiheit, war es für alle Zeit vorbei.

Themistokles. Die römische Kopie nach einem griechischen Original bemüht sich offenbar um individuelle Züge.

Grabstele der Hegeso. Die Verstorbene nimmt Abschied von
ihrer Dienerin, vermutlich einer Sklavin.

5. MEHRHEIT UND MINDERHEITEN:
FRAUEN, SKLAVEN UND BARBAREN

Die Griechen waren eine Männergesellschaft. Eine Zeit lang galt das als Vorzug, heutzutage wird es als Makel, ja als Schande betrachtet, da die Zahl der Ausgeschlossenen in einer solchen Gesellschaft naturgemäß groß ist. Alle Rechte, aber auch alle Pflichten waren den Bürgern vorbehalten, und Bürger konnte nur sein oder werden, wer Grieche, frei und männlichen Geschlechts war: ein dreifacher Skandal in den Augen von Feministen, Sozialisten oder Multikulturalisten. In Athen waren nicht nur die Frauen, die überall die Hälfte des Volkes bilden, politisch rechtlos, sondern auch Sklaven, die einen beträchtlichen, in römischer Zeit sogar den größeren Teil der Bevölkerung gestellt haben dürften; zu schweigen von dem mit Abstand größten Teil der Menschheit, der einfach deshalb ausgeschlossen blieb, weil er kein Griechisch sprach und deswegen barbarisch hieß. Eine Gesellschaft, die von den Errungenschaften der Moderne so wenig wusste und, schlimmer noch, so wenig wissen wollte, steht bei den Menschenrechtsaktivisten unserer Tage nicht hoch im Kurs. Sie stößt auf Unverständnis, ja Empörung und taugt, wenn überhaupt zu irgendetwas, nur als die dunkle Folie, von der sich die Errungenschaften der Moderne glanzvoll abheben.

Die Empörung ist groß, doch schlecht begründet. Denn sie sieht ab von dem, was der Bürgerstatus in einem antiken

Stadtstaat bedeutete, was er voraussetzte und verlangte: an allererster Stelle ein Vermögen, das es erlaubte, den immensen Einsatz an Zeit und Kraft und Geld zu leisten, ohne den das Bürgerrecht nun einmal nicht zu haben war. Zumindest die Athener haben die Politik in einem Ausmaß zum Beruf erhoben, das allen Späteren, auch den Römern, als Zumutung erschienen sein muss. Die Bürgerrolle auszufüllen verlangte buchstäblich den ganzen Mann – nur ihn, weil Frauen der Anspannung, den Risiken und den Gefahren, die mit dem politischen Geschäft verbunden waren, aus den natürlichsten von allen Gründen nicht gewachsen waren. Gleichberechtigung unter Umständen zu fordern, die vom Bürger nicht mehr erwarten als alle paar Jahre zur Wahl zu gehen, ist leicht; sie unter Bedingungen zu propagieren, die die ständige Bereitschaft zur Teilnahme an Volksversammlungen, zur Bekleidung von öffentlichen Ämtern, zum Kriegsdienst auf der Triere oder zum Feldzug mit der Waffe in der Hand voraussetzten, ist absurd. Die Kritik am Patriarchat, das in Athen scharf ausgebildet war, erheblich schärfer als in Rom, zehrt von der Ahnungslosigkeit, mit der sie unterstellt, dass Politik zu machen seinerzeit dasselbe bedeutete wie heute. Das war so aber nicht; Bürger zu sein hieß da zu sein, jederzeit, mit vollem Einsatz, unter allen Umständen, auf eigene Rechnung und auf eigene Gefahr. Einem Gebilde, das sich mit weniger zufrieden gab, hätte ein Grieche den Begriff «Staat» verweigert, genauso wie er den Ehrentitel «Bürger» einem Menschen vorenthalten hätte, der es vorzog, abseits zu stehen. Der war kein Bürger, sondern ein Idiot.

Macht man sich frei von einem Politikverständnis, das die Staatstätigkeit auf Verwaltung reduziert, erscheint die griechische Frau in einem etwas anderen Licht. Ilias und Odyssee sind frei von Spuren der Frauenfeindschaft oder gar -verachtung; bedenkt man die Vor- und Nachgeschichte beider Epen, können sie geradezu als Huldigungsadressen an die Frau verstanden werden. Schließlich ist Helena, die schönste Frau auf Erden, der Kampfpreis, um dessentwillen die Griechen nach Troja ziehen und dort zehn Jahre lang ausharren. Und die Trojaner denken nicht daran, den Krieg, der sie am Ende Wohlstand, Existenz und Leben kosten sollte, dadurch zu beenden, dass sie Helena ausliefern. Im Gegenteil nimmt Priamos, der König von Troja, seine Schwiegertochter gegen den Groll der Bürger ausdrücklich in Schutz, als in der belagerten Stadt Stimmen laut werden, sie als die Ursache des leidigen Krieges endlich loszuwerden und an die Griechen zurückzugeben. In diesem Augenblick wendet er sich an Helena und spricht zu ihr:

Komm doch näher, mein liebes Kind, und setze dich zu mir,
Dass du den früheren Gatten und Schwäger und Freund
*   gewahrest!*
Schuldlos bist du gewiss; die Götter sind es gewesen,
Die mir den Jammer des Krieges mit dem Volk der Achaier
*   gesendet!*
Komm und nenne mir doch den riesigen Mann da mit
*   Namen,*
Wer der Achaier da drüben wohl ist, so stattlich und edel!

Nicht auf Helena, sondern auf Paris, ihren jetzigen, und auf Menelaos, ihren früheren Gatten, fällt in der Ilias ein ziemlich ungünstiges Licht. Paris wird unumwunden als Feigling dargestellt, und Menelaos, um dessentwillen die Griechen den Feldzug doch unternommen hatten, ist unter den Helden keineswegs der erste. Dasselbe Bild kehrt wieder in der Odyssee: Helena ist die Mustergattin, übertroffen nur von Penelope, der Frau des Odysseus, die an die zwanzig Jahre lang auf die Rückkehr ihres Mannes wartet und sich den Nachstellungen der Freier, die dutzendweise im Palast des Odysseus Wohnung bezogen haben, durch Takt und Klugheit zu entziehen weiß. Das Gegenstück zu ihr fehlt nicht, heißt aber nicht Helena, sondern Klytaimnestra und ist die Frau des Agamemnon.

Klytaimnestra ist das älteste und prominenteste Beispiel für die den Griechen nachgesagte Frauenfeindlichkeit. Tatsächlich bietet ihre Literatur für diese Haltung mindestens ebenso viele, vielleicht sogar noch viel mehr Zeugnisse als für das Gegenteil, die Frauenverehrung; nur dass die ungünstigen Stimmen mehr oder weniger ironischer Natur sind. Das beginnt schon mit Hesiod, der die Frau kurz und unfreundlich ein «schönes Übel» nennt; ihr Urbild ist Pandora, die mit ihrer Büchse alle Plagen und Schrecknisse über die ahnungslose Menschheit bringt, ein Weib «von hündischem Sinn und betörender Frechheit»: ein ziemlich grobes Urteil, wenn man in Rechnung stellt, dass der Hund in Griechenland als Inbegriff der Schamlosigkeit galt. Hunde waren in Heiligtümern nicht zugelassen, weil sie, wie ein antiker Autor penibel vermerkt, «dazu neigen, den Geschlechtsakt in der Öffentlichkeit vorzunehmen.»

Damit vertritt Hesiod die in der gesamten Antike bis hin zur römischen Epoche vorherrschende Ansicht, dass die Erotik eine Sache der Frau ist. In der Liebe fiel der tätige Part vor allem ihr zu, angefangen bei Hera, die ihren Brudergatten Zeus nach allen Regeln der Kunst verführt, bis hin zu den sexuell überaus aktiven Heroinen des Euripides. Aristophanes, ihr dezidierter Gegner, nennt diese Frauen kurzerhand nur Huren. Auch in der Lysistrata, der wohl bekanntesten Sex-Komödie nicht nur der griechischen Literatur, liegt die Initiative eindeutig bei den Frauen; nur dass sie hier den Verkehr eben nicht erzwingen wollen, sondern verweigern, um die kriegslüsternen Männer auf diesem Wege zur Vernunft und zum Frieden zu bewegen. So oder so bringen sie die auf Haltung, Selbstbeherrschung, Autarkie fixierten Männer in Bedrängnis; das mythologische Urbild dafür ist Herkules, der bei Omphale – der Name bedeutet «Bauchnabel» – wie ein Sklave Dienst tun und Wolle spinnen musste. Die Frauen, soll das heißen, sind begehrenswert – und ebendeshalb so gefährlich.

Die von Hesiod angeschlagene Tonart ist von der Literatur aufgegriffen, unendlich oft variiert und meistens noch vergröbert worden. Ein später Kompilator gibt folgende Auswahl:

Sind die Zikaden nicht beneidenswert?
Bei ihnen ist das Weibchen völlig stumm.

Oder:

Zu Recht gibt's Tempel der Hetäre überall,
Doch nirgendwo in Hellas für die Gattin.

Und:

Zum Teufel, wer zum zweiten Mal gefreit!
Dem ersten will ich keinen Vorwurf machen,
Der ahnte nicht sein Unheil, glaube ich.
Beim zweiten Mal war ihm das Übel doch bekannt!

Auch wenn das Stimmen aus der Komödie sind, verraten sie einiges über die Stellung «des» griechischen Mannes zu «der» griechischen Frau. Schließlich lacht man nur über das, was einem irgendwie vertraut erscheint und demnach ankommt; die Frage ist dann nur, wer sich in solchen Fällen lächerlich macht oder gemacht werden soll. Für die folgende Szene aus der «Alkestis» des Euripides, in der sich Herakles, der dorische Nationalheld, als Säufer, Grobian und Frauenverächter zu erkennen gibt, ist sie nicht allzu schwer zu beantworten. Wieder einmal hat Herakles in irgendeinem Wettkampf irgendeinen Sieg errungen; über den dafür ausgesetzten Kampfpreis berichtet er so:

Wer bei dem leichten Kampf als Meister sich gezeigt,
Erhielt ein Rossgespann; wer bei den schwereren,
Beim Faust- und Ringkampf, Rinder und dazu Weib.

Das Weib, von dem er redet, ist Alkestis, die bei den Griechen als das Muster aller Frauen galt, weil sie an Stelle ihres Mannes, des thrakischen Königs Admetos, in den Tod gegangen war, nachdem der Vater und die Mutter diesen Opfergang verweigert hatten. Wenn ausgerechnet sie als Beigabe zu einer Hand voll Kühen degradiert wird, ist das ja wohl Kritik; aber an wem?

Vielleicht liegt bei Euripides der Schlüssel zum Verständnis des rätselhaften, zwischen Verehrung und Befangenheit merkwürdig changierenden Frauenbildes der Griechen. Keiner hat ähnlich beherrschende und starke, aber auch unberechenbare, von Leidenschaften zerfressene und zerrissene Frauengestalten auf die Bühne gestellt wie er. Phaidra zum Beispiel, die sich in ihren Stiefsohn verliebt und schließlich selbst erhängt, als ihr Geheimnis durch die Plaudereien einer törichten Magd offenbar wird; Medea, die ihre Kinder umbringt, um ihren Mann Jason für seine Untreue zu bestrafen; Agaue, die im Rausch ihren Sohn Pentheus für einen Löwen hält und zusammen mit ihren Begleiterinnen zerfleischt. Schon die Antike wollte deshalb in Euripides den Frauenfeind erkennen: eine Polemik, der man nur dann aufsitzen kann, wenn man das psychologische Einfühlungsvermögen, das Euripides in seinen Frauenfiguren an den Tag legt, als Zeichen von Misogynie betrachtet. Das scheint jedoch schon der Antike etwas zu platt gewesen zu sein. Die Antwort hat sie ausgerechnet Sophokles, seinem älteren Dichter-Kollegen, in den Mund gelegt, der auf die Frage, ob Euripides ein Feind der Frauen sei, gesagt haben soll: Nur in seinen Stücken, im Bett nicht.

Was Euripides wie kein Zweiter darstellt, sind Frauen im Zustand der Leidenschaft. Diese Leidenschaftlichkeit muss den
Griechen Angst gemacht haben, nicht nur den Männern unter
ihnen, sondern auch den Frauen selbst. Immer wieder bittet
Sappho, die größte unter den griechischen Liebeslyrikerin-
nen, ihre Schutzherrin Aphrodite, ihr nicht gewaltsam, nicht
im Sturm zu begegnen, sondern friedlich und freundlich:

Aphrodite, thronend im Glanz, Unsterbliche,
Tochter des Zeus, Trugspinnerin, dich beschwör' ich:
Quäle nicht mit Kummer und banger Sorge,
Herrin, das Herz mir!

Sondern komm, wie du, mein Rufen vernehmend,
Einst mich von weitem mit Liebe erhörtest
Und des Vaters goldene Halle verlassend
kamst und den Wagen

Anschirrtest. Schöne Sperlinge brachten dich schnell
Zur dunklen Erde hinab; mit schwirrenden
Flügelschlägen kamen sie mitten durch den
Äther vom Himmel herab.

Plötzlich warst Du, Selige, da und fragtest
Gleich mich mit lächelndem Antlitz,
Welch ein Leid ich erfuhr, warum ich
wieder dich riefe.

Das Gedicht schließt mit der Bitte:

Komm' auch jetzt zu mir und erlöse mich
Von Qual und Angst! Erfülle du, was mein eigenes
Herz vollenden möchte, und sei mir im Kampfe
eine Gefährtin.

Dieselbe Angst vor der bezwingenden Macht der Liebe und ihren bedrohlichen Folgen spricht aus den Versen, mit denen der Chor den Kindsmord der Medea begleitet:

Weder Ehre noch Ruhm
Gewinnt der Mensch, den
Die Leidenschaft rasend macht.
Doch die maßvolle Liebe
Gleicht keiner anderen Göttin an Schönheit.
Triff' mich, Herrin, niemals mit dem Pfeil
deines goldenen Bogens,
Dass nicht Verlangen mir das Herz vergifte.

Die Griechen waren leicht erregbare Naturen. Ein entspanntes, eher technisch als emotional bestimmtes Verhältnis zur Sexualität, wie es uns die Vorkämpfer der modernen Aufklärung ans Herz legen, haben sie nicht unterhalten. Der Eros, gleichgültig in welcher Spielart, war etwas, was ihre Neugier und ihr Verlangen erregte, ihre Angst freilich auch. «Bitter-süß» heißt er bei Sappho, und das trifft den Kern. Aphrodite, die Göttin der Liebe, die den Menschen den Verstand raubt, wurde von ihnen verehrt, genauso aber auch gefürchtet. So gut wie alles, was als Beleg für die griechische Frauenfeindschaft angeführt wird, schwankt zwischen Schauder und Sehnsucht, zwischen der Angst und dem Verlangen, sich an einen anderen Menschen zu verlieren; Archilochos, die männliche Gegenstimme zu Sappho, ist voll davon. Von restlos emanzipierten Frauen, die sie in der Gestalt der kriegerischen Amazonen aus der Sage kannten, wollten die Griechen nichts wissen; gegen die haben sie Krieg geführt. Geliebt und deshalb auch gefürchtet haben sie die Frauen, die eben dadurch Macht über sie gewannen, dass sie ganz anders waren als sie selbst.

In Athen war die Rechtsstellung der Frau denkbar schwach. Anders als in Sparta, wo man mit der Gleichheit der Geschlechter ernst machte, durfte die Athenerin keinen eigenen Besitz haben, dementsprechend auch weder erben noch vererben. Doch konnte sie, anders als bei den Juden, die Scheidung beantragen, und es gibt Zeugnisse dafür, dass dies auch geschah. Sie nahm auch teil am öffentlichen Leben, soweit es darin unpolitisch zuging. Die Frauen feierten ihre eigenen, ziemlich aufwendigen Feste und besuchten das Theater ebenso selbstverständlich wie die Männer; die alberne Geschichte von den Frühgeburten, die sich im Publikum ereignet haben sollen, als eine besonders gruselige Szene den Zuschauern Angst und Schrecken einjagte, bestätigt das auf ihre Art und Weise.

Im Alltag sahen die Beziehungen zwischen einem griechischen Mann und einer griechischen Frau wahrscheinlich nicht viel anders aus als überall auf der Welt. Von dieser Normalität berichtet eines der vielen Grabdenkmäler, auf denen dargestellt ist, wie zwei Ehepartner voneinander Abschied nehmen. In dem fiktiven Dialog, der dem Relief beigegeben ist, ruft der Mann seiner Frau nach: «Lebe wohl! Dies ist das Grab der Melite. Eine gute Frau liegt hier begraben. Geliebt von ihrem Mann Onesimos und ihn wiederliebend, war sie die beste.» Worauf die Verstorbene zurückruft: «Auch du lebe wohl, geliebtester der Männer! Und bleibe meinen Kindern ein guter Vater.»

Für die Sklaverei gilt Ähnliches. Auch sie war dem, was heute als normales Arbeitsverhältnis betrachtet wird, erheblich näher, als es der ganz zu Recht verfemte Begriff vermuten lässt. Glaubwürdige Quellen über die Umstände, unter denen ein Sklave in Athen lebte, sind rar; das meiste stammt aus der Komödie. Sklaven waren Mitglieder der Hausgemeinschaft, mit allen Vor- und allen Nachteilen, die dieser Status mit sich brachte. Ihre Konsumentenfreiheit dürfte erheblich geringer, ihre Dispositionsfreiheit aber größer gewesen sein als die eines modernen Industriearbeiters, der im Takt zu arbeiten und Zielvorgaben zu erfüllen hat. Wirklich schlecht scheint es nur denen ergangen zu sein, die das Unglück hatten, dem Staat in die Hände zu fallen, der seine Leute ja schon immer übler behandelt hat als jeder Privatmann. Es war die Politik, die den Einwohnern von Mytilene oder den in Syrakus gefangenen Athenern ihr Schicksal zudiktiert hatte. Privat sah vieles anders aus, da lag den Athenern das Wohlergehen ihrer Sklaven am Herzen. Sie gingen so weit, gesetzlich zu bestimmen, dass Anklagen auch wegen solcher Übergriffe möglich waren, die sich gegen Sklaven gerichtet hatten. «Nicht nur im Falle von Freien, sondern auch bei körperlichen Übergriffen gegen Skla-

ven konnte eine Anklage gegen den Täter erhoben werden»,
vermerkt dazu ein späterer Gewährsmann. Geschützt wurde
also nicht das Eigentum, sondern der Mensch – andernfalls
hätte es das stellvertretende Klagerecht nicht geben können,
das ja nicht vom Besitzer ausgeübt wird, sondern von irgendeinem Dritten.

Alles hing davon ab, was der Sklave konnte, sein Wissen war
sein Kapital. Wenn er sich als geschickt erwies, konnte er es
weit bringen; Perikles etwa, Athens führender Staatsmann,
hatte sein gesamtes, ziemlich aufwendiges Haus- und Rech-
nungswesen einem Sklaven unterstellt, der sogar Weisungs-
recht gegenüber seinen Söhnen besessen haben soll. Anders
als in Rom, wo Sklaven gern zur Zwangsarbeit auf Kriegsschiffen und Latifundien eingesetzt wurden, hat es auf grie-
chischem Boden so etwas wie Sklavenaufstände offenbar nur
in Sparta gegeben; aber Sparta war eher die Ausnahme als die
Regel. Die Stadt war ein Ständestaat, in dem nicht nur die
Masse der unterworfenen Heloten, sondern auch auswärtige
Gäste grundsätzlich als suspekt galten. Man sah in ihnen po-
tenzielle Staatsfeinde, die deshalb auch in regelmäßigen Ab-
ständen zum Verlassen des Landes aufgefordert wurden: die
berüchtigte Fremdenvertreibung, derentwegen die Spartaner
bei allen Griechen in schlechtem Ruf standen. Die Herrenkaste wollte unter sich bleiben, weil sie wusste oder ahnte,
dass ihre Zwangsherrschaft nur so lange dauern konnte, wie
sie dazu bereit war, jederzeit mit aller Härte gegen äußere und
innere Feinde vorzugehen.

Athen und andere griechische Städte pauschal als Sklavenhaltergesellschaften zu bezeichnen geht schon deshalb an der Wirklichkeit vorbei, weil sich für die Bauern, die überall die Mehrheit stellten, der Einsatz eines Sklaven nicht lohnte. Er verzehrte kaum weniger als er einbrachte und dürfte deshalb nicht viel billiger gewesen sein als der Tagelöhner, der ebenfalls in Naturalien bezahlt wurde; Geld spielte für die kleinen Leute keine große Rolle. Ökonomische Basis war die Sklaverei nur in einem einzigen Wirtschaftszweig, in den Silberbergwerken, die in der Nähe des kleinen Ortes Laurion betrieben wurden. Für die war allerdings der Staat zuständig, kein Privatmann. Selbst Aristoteles, der mit größter Selbstverständlichkeit voraussetzt, dass es Menschen gibt, die «von Natur aus» Sklaven sind, spricht ihnen weder Vernunft noch die Begabung zur Wissenschaft ab. Er gesteht ihnen sogar eine spezifische Tugend zu, indem er sie «Gehilfen zum Handeln» nennt. Insoweit waren sie den Handwerkern vergleichbar, die Aristoteles einer «begrenzten Sklaverei» ausgesetzt sah. Aus alledem zieht er den Schluss, «dass es Aufgabe des Herrn ist, seinem Sklaven die einem solchen eigentümliche Tugend beizubringen. Folglich haben die Unrecht, welche den Sklaven die Vernunft absprechen und behaupten, man müsse gegen sie nur Befehle anwenden. Im Gegenteil bedarf der Sklave dessen, dass man ihm ins Gemüt redet, mehr noch als den Kindern.»

Zum Schluss ein Wort zu den Barbaren. Schon der Begriff zeugt von einem Überlegenheitsgefühl, das allerdings weder ethnisch noch rassisch, weder ideologisch noch soziologisch begründet war, sondern kulturell. Als die Athener nach dem vollkommenen Sieg, den sie bei Salamis über die persische Flotte errungen hatten, die Ägäis beherrschten und die Perser aus dem griechisch besiedelten Küstenstreifen Kleinasiens weit ins Landesinnere zurückdrängten, geschah das, wie Plutarch behauptet, in dem Bewusstsein, dass es besser sei, gegen ihre natürlichen Feinde Krieg zu führen als untereinander. Das mythische Vorbild war der Kampf um Troja, der ja ebenfalls gegen «Barbaren» geführt worden war; die von Homer als solche freilich nicht bezeichnet werden. Kein Wort der Herablassung oder der Verachtung gegen diese Feinde, deren wichtigste Figuren, allen voran Priamos, Hekuba und Hektor, im Glück die Hochachtung, im Untergang das Mitgefühl des Dichters genießen.

Feigheit und Tapferkeit, Hochherzigkeit und Kleinmut, Mitleid und Fühllosigkeit sind unter den kämpfenden Parteien durchaus gleichmäßig verteilt. Die Griechen waren zu neugierig, um sich die Aussicht auf Entdeckungen und Wissenszuwachs durch fremdenfeindliche Vorurteile verstellen zu lassen. Das Ungewohnte wirkte auf sie anziehend, denn es belehrte sie über die Zeit- und Ortsgebundenheit von Rechten und Riten, auch der eigenen. Bezeichnend die Geschichte, die Herodot über die gegensätzlichen Bestattungsgewohnheiten von Griechen und Indern erzählt: So wie die einen um keinen Preis der Welt ihre Toten verspeisen wollten, wollten sie die anderen um keinen Preis der Welt verbrennen. Er schloss daraus, dass es in diesen Dingen so etwas wie Naturrecht gar nicht geben konnte.

Derselbe Herodot berichtet, dass die griechischen Götter

auch in Ägypten bekannt wären, nur unter anderen Namen. Den Apollon nannten die Ägypter Horus, Dionysos hieß auf Ägyptisch Osiris, Bubastis war der Name für Artemis. Unbefangen wie sie waren, haben die Griechen ihren ohnehin schon dicht bevölkerten Götterhimmel für Zuwanderer und Eindringlinge aus aller Herren Länder geöffnet. Nicht nur Astarte und Hekate, auch Dionysos, vielleicht auch Poseidon waren fremdländischen Ursprungs, sind aber schnell zu griechischen Göttern geworden; mit der Integration taten sich die Griechen leicht, leichter als einige Multikulturelle von heute. Sie hatten immer beides vor Augen: was sie den anderen zu verdanken und was sie selbst daraus gemacht hatten. Das eine bewahrte sie vor Überheblichkeit und Dünkel, das andere vor Indolenz und Anspruchslosigkeit. Als Solon, der den Griechen als ein Ausbund an Weisheit erschien, nach Ägypten kam, musste ausgerechnet er sich von einem der dortigen Priester sagen lassen, die Griechen seien doch allesamt Kinder, einem erwachsenen Hellenen sei er noch nie begegnet; und Platon, der davon berichtet, stimmt dem offensichtlich zu. Die Griechen fühlten sich als ein junges Volk, und solange sie sich so fühlten, waren sie es auch.

Das erstaunlichste Dokument, das Aufschluss gibt über das Bild, das sich die Griechen von sich selbst und von den anderen gemacht haben, sind «Die Perser» des Aischylos, des ältesten der drei größten Tragödiendichter. Dieses Drama schildert den glänzenden Sieg von Salamis – allerdings nicht aus griechischer Sicht, sondern aus der des geschlagenen Gegners. Es spielt am Hofe des Xerxes, sein Thema ist der Jammer der

Unterlegenen, nicht der Triumph der siegreichen Griechen. Die Darstellung der Perser ist frei von allen Spuren der Herablassung. Von Rachsucht und Triumphgeheul, die in der «Hermannschlacht» von Kleist so peinlich berühren, findet sich keine Spur. Wie sich die Griechen selbst in ihrem Verhältnis zu den Persern sahen, ergibt sich aus dem Traum, den Aischylos der Königinmutter Atossa in den Mund legt:

Mir war's, als träten mir zwei schöngewandte Frauen,
Die eine in ein Perserkleid gehüllt, doch in das Kleid
Der Griechinnen die andre, vor das Angesicht,
An Wuchs die herrlichsten der uns bekannten Frauen,
An Schönheit makellos, beide Schwestern eines Stammes.
Als Heimat hat die eine Hellas sich erlost,
Die andre das Barbarenland; dort wohnten sie.
Die beiden, glaubt' ich nun zu sehen, standen sich
Im Streite gegenüber; mein Sohn bemerkt das,
Erkennt sie und beruhigt sie, schirrt sie beide
Vor seinen Wagen, legt auf ihren Nacken dann
Sein Joch. Die eine hebt sich stolz in diesem Schmuck,
Und gern dem Zügel folgt ihr Mund, dem lenkenden;
Die andere bäumt sich, bricht mit beiden Händen schnell
Des Königswagens Pracht in Trümmer. Zügellos,
Gewaltsam schleift sie ihn mit sich, zerbricht ihr Joch;
Es stürzt mein Sohn – und plötzlich steht sein Vater da,
Dareios, voll Betrübnis. Als ihn Xerxes sieht,
Zerreißt er jammernd sich das Kleid um seinen Leib.

So etwas haben sich die Griechen vortragen und vorführen lassen. Sie haben sogar applaudiert und haben Aischylos, der sie zu einem so verständnisvollen Blick auf die Barbaren eingeladen hatte, als einen ihrer größten Dichter betrachtet. Feinde waren diese Barbaren auf dem Schlachtfeld, und auch da nur so lange, wie sie die griechische Freiheit bedrohten. Wenn der Feind geschlagen war, konnte er zum Exempel werden, aus dem sich etwas lernen ließ. «In ihm erkenne ich mein eignes Bild», sagt Odysseus, nachdem Athena ihm seinen Intimfeind Aias im Zustand der geistigen Umnachtung vor Augen geführt hat. Der gefallene Gegner ist kein Gegner mehr. Am Ende ist es Odysseus, der dafür eintritt, dass Aias ein ehrenvolles Begräbnis erhält.

Das Theater von Epidauros. Die kreisrunde Bühne gibt den Blick frei in die umgebende Landschaft.

6. LERNEN DURCH LEIDEN:
DIE GRIECHISCHE LITERATUR

Folgt man der Sprache, können die Griechen von ihren Dichtern nicht allzu viel gehalten haben. Ihr Wort für Dichtung, Poiesis, bezeichnet ein bloßes Machen, ein Herstellen und Verfertigen, weit entfernt von allen höheren Ansprüchen, die man an Kunst und Künstlertum zu stellen pflegt. Sprachlich gesehen war das Dichten ein Handwerk; und vom Handwerker, dem sprichwörtlichen «Banausen», dem sein Beruf keine Zeit ließ, sich den Staatsgeschäften zu widmen, hatten die Griechen keine hohe Meinung. Tatsächlich ist der Anteil des Handwerklichen gerade bei der ältesten und ehrwürdigsten ihrer literarischen Gattungen, beim Epos, schwer zu übersehen. Sein Reichtum an wiederkehrenden Wendungen und stehenden Attributen macht deutlich, dass hier Männer am Werk waren, die einen Beruf ausübten. Sie arbeiteten als fahrende Sänger, die von Stadt zu Stadt zogen, um vor wechselndem Publikum die Stücke vorzutragen, die sie erdacht und erlernt, ergänzt oder erweitert hatten. Das Metrum, in dem das geschah, der Hexameter, schrieb ihnen Form und Ausdrucksweise vor; den mussten sie beherrschen. Und das war eine Technik, die man lernen konnte wie ein Handwerk.
Unabhängig davon betrachteten die Griechen die Dichter als ihre Lehrer und Erzieher, Homer an allererster Stelle. Mehr noch als die Häufigkeit, mit der er zitiert wurde, spricht die

Beiläufigkeit, mit der das geschah, für die Art, in der Ilias und Odyssee jedem gebildeten Griechen geläufig waren. Einem Sprachlehrer, der ihm auf seine Bitte, ihm eine Abschrift des Homer zu überlassen, zur Antwort gab, er habe keine, soll Alkibiades eine Ohrfeige gegeben und den Unterricht auf der Stelle verlassen haben. Homer blieb aber nicht allein in dieser Position des nationalen Lehrers. Schon früh ist ihm, dem Epiker, Archilochos, der Lyriker, der in seinen Gedichten seinen Emotionen freien Lauf ließ, zur Seite, besser gesagt: gegenübergestellt worden. Beide galten als exemplarisch für das, was man die objektive und die subjektive Seite der Dichtung nennen könnte. Wo Homer schildert, gibt sich Archilochos seinen Gefühlen, seinem Hass und seiner Liebe hin.

Vernarrt waren die Griechen in beide. Was immer bei ihnen öffentlich wirksam werden wollte, musste in sprachlich anspruchsvoller Form daherkommen. Schon Solon hatte sich solcher Formen bedient, um seinen Gesetzen Verbreitung und Respekt zu verschaffen; berühmte Redner wie Lysias, Hypereides oder Demosthenes, an deren Kunstprodukten sich die Griechen zu berauschen pflegten, waren seine Erben. Sie setzten in Prosa fort, was in und mit der Poesie begonnen hatte; insoweit war die Redekunst ein Zweig, ein Derivat der Dichtung. Wie meistens bringt Aristoteles die leidenschaftliche, von Neidgefühlen nie ganz freie Verehrung, die die Griechen für ihre Dichter empfanden, auf einen einfachen Nenner, wenn er die Dichtung «philosophischer» nennt als die Geschichtsschreibung.

Was an der Dichtung philosophisch ist, lässt sich schon bei

Homer erkennen. Denn er tut alles, um die Aufmerksamkeit vom äußeren Gang der Dinge abzuziehen und sie aufs Innere zu konzentrieren, wo sich das wahre Drama abspielt. Die Ereignisse auf dem Schlachtfeld stellen sich ihm als Folgen von seelischen Zuständen dar: «Zorn» heißt das erste Wort der Ilias, aus dem sich alles Weitere ergibt. Zwei Männer sind in Streit geraten, der eine setzt sich durch, verletzt damit den anderen, der daraufhin den Kämpfen fernbleibt. So steigert sich die Auseinandersetzung zwischen zwei individuellen Temperamenten zum Krieg zwischen zwei Völkern, der schließlich dann auch noch den Götterhimmel spaltet, dessen einer Teil sich auf die Seite der Griechen schlägt, während der andere zu den Trojanern hält.

Überall steht das Menschliche im Vordergrund, alles andere ist darauf ausgerichtet und daraus abgeleitet, letztlich sogar das Wirken der Götter. Nicht die Taten interessieren, sondern die Täter und das, was sie antreibt, ihre Gedanken und ihre Empfindungen, ihre Stärken und ihre Schwächen, ihre Vorlieben und ihre Aversionen, ihre Siege und ihre Niederlagen. Diese Eigenart, den Blick aufs Innere zu richten, ist eine Eigenart der Griechen. Deswegen findet auch derjenige zu ihren Werken Zugang, der mit den historischen, sprachlichen oder religiösen Voraussetzungen ihrer Dichtung im Einzelnen nicht vertraut ist. Nausikaa, die dem schiffbrüchigen Odysseus am Strand begegnet, zu ihm Vertrauen fasst und ihm den Weg in die Stadt weist, ist leichter zu verstehen als das Käthchen von Heilbronn, die Jungfrau von Orleans oder die heilige Theresa von Avila. Die Kunstwelt der Griechen wirkt frischer, lebendiger und natürlicher als vieles von dem, was später entstanden ist.

Die Lyrik, angeführt von Archilochos, dem dann so viele andere gefolgt sind, ist einerseits leichter, auf der anderen Seite aber auch schwerer zugänglich als das Epos. Leichter, weil sich die Person des Dichters mit einer Energie zu Wort meldet, die immer und überall verstanden wird; schwerer vor allem deshalb, weil sich ein lyrisches Gedicht stärker als jedes Epos gegen die Übersetzung sperrt. Das Zarte, Tastende, Verfängliche und Verführerische der Sappho nachzubilden ist oft versucht worden, am frühesten vom römischen Dichter Catull; gelungen ist es freilich nie. Das von ihm ins Lateinische übertragene Gedicht lautet in seiner deutschen Übersetzung:

Göttergleich scheint mir der Mann zu sein,
Der dir gegenübersitzt und
Deine süßen, lieblichen Worte
Ganz nahe vernimmt

Und dein verlockendes Lachen.
Doch mir krampft sich das Herz zusammen;
Ein Blick, ein Blick nur zu dir,
und schon versagt mir die Stimme.

Die Zunge bricht mir, ein Feuer
Rieselt mir unter der Haut. Nichts
Sehen meine Augen, ein Brausen
füllt mir die Ohren.

Schweiß rinnt mir über den Leib,
es zittern mir die Glieder. Bleicher bin ich
Als welkes Gras. Ich sinke, beinahe
fühle ich mich gestorben.

Doch alles lässt sich ertragen, wenn...

Hier bricht die Überlieferung ab. Das Erhaltene war freilich
eindrucksvoll genug, um noch Jahrhunderte später einen sen-
siblen Kritiker anmerken zu lassen: «Ist es nicht erstaunlich,
wie die Dichterin in alle Richtungen blickt, wie sie die Seele
und den Körper, die Ohren und die Zunge, die Augen und die
Haut beschreibt, als wären sie ihr fremd? Sie friert und glüht
zur gleichen Zeit; einmal ist sie vernünftig, dann wie von Sin-
nen, einmal lebendig, dann halbtot, so dass sich an ihr nicht
ein einzelner Affekt, sondern die Summe von vielen gegensätzlichen Gemütszuständen offenbart: So, wie es bei Verliebten eben vorkommt. Die Kunst, die markantesten unter
diesen Empfindungen auszuwählen und zueinander in Bezug
zu setzen, hat dies Gedicht vollkommen gemacht.» Solche
Erläuterungen sind nützlich, auch wenn sie den Abstand zwischen Original und Übersetzung nicht überbrücken können.
Lyrik kann man zwar nachempfinden, aber nicht eigentlich
übersetzen.

Nimmt man die lyrische und die epische Tradition zusammen,
dann hat man, grob gesprochen, die Tragödie, das kunstvolls-
te Erzeugnis der griechischen Literatur. Das Epos gab ihr die
Ereignisse und die Gestalten vor, die Lyrik die Fähigkeit zur

radikalen Individualisierung. Nach der klassischen Definition ist eine Tragödie «die Abbildung einer ernsthaften und bedeutsamen, in sich abgeschlossenen Handlung, vorgetragen in kunstvoller Sprache, getrennt nach Rollen, gegliedert in verschiedene Teile, dargestellt durch Personen, nicht bloß berichtet». Was an dieser Definition auffällt, ist der Verzicht auf die Erwähnung dessen, was wir als «tragisch» bezeichnen, des unglücklichen, meist katastrophalen Ausgangs. Tatsächlich ist er auch entbehrlich, wie sich aus den nicht wenigen Tragödien ergibt, die fast vergnüglich enden und voll sind von burlesken Zügen. Eine von ihnen ist die «Alkestis» des Euripides, in der der Spannungsbogen umgekehrt verläuft, von einem traurigen Beginn zu einem versöhnlichen Ende. Von Furcht und Mitleid ist nicht viel zu spüren, denn schließlich ist Alkestis, die sich für ihren Ehemann opfern wollte, wieder lebendig und mit Admetos, ihrem Mann, vereint.

Dass die Tragödie so gut wie immer ihren Stoff aus dem Mythos bezog, wird in der angeführten Definition nicht eigens erwähnt; das war für einen Griechen selbstverständlich. Der Mythos, ein Schatz von Märchen, Sagen und Geschichten, versorgte die Tragödie mit Stoff und Typen und lieferte die Fragen, die sie mit Vorliebe behandelt hat: Darf man die Mutter töten, um den Vater zu rächen? Was tut ein Mann, der erfährt, dass er seinen Vater erschlagen und seine Mutter geheiratet hat? Wie reagiert die verlassene, enttäuschte Ehefrau auf die Untreue ihres Mannes? Solche und ähnliche Themen standen auf dem Spielplan, wenn eine Tragödie aufgeführt wurde. Sie war Gottesdienst und Staatsakt zugleich, denn eine Trennung dieser beiden Sphären, der religiösen und der politischen, war für die Griechen unvorstellbar. Wenn sie den Titel hörten, kannten sie auch schon den ungefähren Inhalt des Stücks, sodass sich ihre Aufmerksamkeit auf die Entwicklung der Handlung und die Entfaltung der Charaktere konzentrieren konnte. Das Wie? entschied über den Rang des Stückes und den Platz, den es im Wettkampf eroberte, nicht der Stoff. In dessen Gestaltung waren die Dichter frei, und sie haben von dieser Freiheit Gebrauch gemacht, indem sie die Charaktere immer wieder neu erfanden. Die Elektra des Aischylos hat mit der des Sophokles, die des Sophokles mit der des Euripides kaum mehr gemeinsam als den Namen und das Schicksal; ihr Charakter ist jedes Mal ein anderer. Solche Varianten schärfen den Blick für das Künstlerische am Handwerk des Dichters. Nur wenn dasselbe Motiv, meint Nietzsche, hundertmal verschieden behandelt wird, lerne das Publikum über das banale Interesse am Stoff hinauszukommen; «aber zuletzt wird es selbst die Nuancen, die zarten, neuen Erfindungen in der Behandlung dieses Motivs fassen und genießen, wenn es also das Motiv längst aus zahlreichen Bearbeitungen kennt und dabei keinen Reiz der Neuheit, der Spannung mehr empfindet.»

Kaum einer hat von diesen Lizenzen so eigenwilligen Gebrauch gemacht wie Euripides. Unter den drei Tragikern ist er der große Psychologe, der den aus dem Epos bekannten Kampf zwischen zwei Menschen, zwei Ansichten oder zwei Parteien zum Kampf des Menschen mit sich selbst umformt. In dieser Absicht ändert er die bekannte Sage von Medea, der wilden Frau aus Kolchis, die ihre Heimat verlässt und ihren

Vater tötet, um Jason, dem geliebten Mann, nach Griechenland zu folgen, in einem entscheidenden Punkt. Nicht die Korinther, die Jason zum König machen wollen, sondern Medea selbst bringt ihre beiden Kinder um, um Rache zu nehmen für den an ihr geübten Betrug. In einem großen Monolog, der der Tat vorangeht, ringt sie mit sich selbst:

Vergebens, Kinder, hab' ich euch so weit gebracht,
Vergebens mich für euch geplagt und abgehärmt,
Die ich doch erst der Wehen bittren Schmerz ertrug.

Dann überwältigt sie das Mitleid:

Nein, nein, ich bitt' euch, Kinder, seht mich nicht so an
Und lacht nicht so, als lachtet ihr zum letzten Mal!
Was soll, was darf ich tun? Mir schwindet aller Mut,
Wenn mir der Kleinen Angesicht entgegenstrahlt.
Nein, ich vermag's nicht, lobe drum, was ich zuerst
Beschloss, und nehm' die Knaben mit auf meinen Weg.
Jason zu kränken, soll ich ihnen wehetun,
Und füg' doch nur ein zweifach Weh mir selber zu?

Doch da meldet sich die Gegenstimme:

Und dennoch frag' ich mich: werd' ich nicht zum Gespött,
Entweichen ungestraft die Feinde meiner Hand?
Kann ich das auf mich nehmen und so feige sein,
Den Mut durch weiche Reden einzuschläfern? Geht,

Ihr Lieben, geht ins Haus! Und wer das Recht nicht hat,
Dem blut'gen Opfer zuzuschauen, der seh' sich vor
Und bleibe fern, denn niemals lähmt er meine Hand.

Danach wird der Wunsch nach Rache übermächtig. Sie wendet sich an ihre Kinder:

Der Mutter schenkt die rechte Hand zum letzten Gruß!
O allerliebste Hand, o allerliebstes Haupt,
O liebliche Gestalt, o liebes Angesicht!
Seid glücklich in der untern Welt, denn diese nahm
Der Vater euch. Umarmt mich! Welche Seligkeit!
Wie süß, den Duft zu atmen eurer zarten Haut!
Geht jetzt – geschwind, geschwind – ich hab' nicht mehr die
*   Kraft,*
Euch anzuschauen, mich übermannt der Schmerz.

Warum die Athener an solchen Dingen so viel Gefallen gefunden haben, dass sie Jahr für Jahr drei oder mehr Tragödien zu sehen wünschten, ist eine offene Frage. Woher das Vergnügen an tragischen Gegenständen? Auch Aristoteles gibt darauf keine schlüssige Antwort, wenn er die Befreiung, die Reinigung oder, wie Goethe will, die Ausgleichung von Furcht und Mitleid, die viel zitierte Katharsis, als Ursache nennt. Von den Affekten frei zu sein oder frei zu werden kann doch nicht Sinn und Zweck des Ganzen gewesen sein; warum sonst hätten sich die Griechen eben diesen Affekten so lustvoll ausgesetzt? Es müssen die Gefühle selbst gewesen sein, die Hingabe und das Ausleben der Affekte, was sie an der Tragödie Geschmack finden ließ. In der Musik, sagt Nietzsche, genießen die Leidenschaften sich selbst; in der Tragödie auch. Die Griechen erwarteten nichts Erbauliches von ihr, sondern eine Darstellung von Ereignissen, die zwar nicht unbedingt alltäglich, aber doch möglich und immerhin nicht unwahrscheinlich sind. Sie wollten das Schicksal kennen lernen und seine Gestalter, die Götter, am Werk sehen; schließlich war die Tragödie Gottesdienst. Wenn überhaupt auf eine Lehre, läuft sie auf die Erkenntnis hinaus, dass man aus Schaden klug wird: Lerne zu leiden! Lerne durch Leiden! Das war es, was die Griechen von ihren Dichtern bei solchen Anlässen zu hören bekamen.

Überlebt hat nicht die Tragödie, sondern das Drama, eine Mischform aus Tragödie und Komödie. Diese zweite große Erfindung der aufs Theater versessenen Athener erwies sich als überlebenstüchtiger als die Tragödie, weil sie weniger eng an den Mythos und damit an den alten Götterglauben gebunden war, der mit der Zeit verblasste. Die Komödie war eine Mischung aus Witz, Zote, Kritik, Parodie und Tanz. Was das für Möglichkeiten eröffnete, haben die Komiker selbst erkannt und auf ihre Weise karikiert:

Leicht ist das Dichten von Tragödien
In jeder Hinsicht: Erstens ist der Stoff
Dem Publikum bekannt, noch eh' ein Wort
Gesprochen ist. Nur anzudeuten braucht
Der Dichter. Erwähne ich den Oedipus,

So wissen sie den Rest: der Vater Laios,
Jokaste seine Mutter; Töchter, Söhne,
Was ihm geschah, was er getan. Erwähnt man
Alkmaion, sind auch schon die Kinder alle
Genannt, und dass im Wahn die Mutter er
Getötet hat. So geht es damit weiter.
Wenn dann die Dichter nicht mehr weiter wissen
Und ihnen für die Handlung gar nichts einfällt,
Erscheint im Handumdrehn der Bühnengott,
Und schon beruhigt sich das Publikum.
Uns Komikern geht's anders: Alles müssen
Wir neu erfinden, Namen, Handlungen,
Die Reden neu, dazu die Vorgeschichte,
Den ganzen Plot samt schließlicher Entwirrung.

In dieser Form, als selbst erdachtes und gestaltetes Drama, hat die Komödie alle möglichen Varianten hervorgebracht. Welche Möglichkeiten sie einem erfindungsreichen Mann wie Aristophanes in die Hand gab, zeigt eine Szene aus einem seiner letzten Stücke, der Weibervolksversammlung, einer bösen Parodie auf die Errungenschaften von Feminismus und Sozialismus; die -ismen gab es ja zu aller Zeit, auch damals schon. Die Frauen haben nach der Macht gegriffen und ein System der radikalen Gleichheit eingeführt, auch und gerade *in sexualibus*. Konkret bedeutet das, dass jeder Mann zunächst mit einer hässlichen Alten schlafen muss, bevor er zu den jungen und schönen Frauen darf. Für einen brünstigen Jüngling wird das zur Katastrophe. Mit einem Lied betritt er die Bühne:

Dürfte ich doch bei meinem schönen Mädchen schlafen,
Bevor so ein Affengesicht, ein hässlich, altes
Weib mit dürren Armen nach mir greift!
So etwas kann, bei Gott, kein freier Mann ertragen!

Da tritt ihm aber schon ein altes Weib in den Weg und verlangt Gehorsam gegen das neue Gesetz. Der junge Mann sieht das nicht ein und wendet sich an seine Geliebte:

Mein goldenes Kind, mein teurer Schatz,
der Kypris holdes Wickelkind,
Der Muse Honigbienchen, Abbild der Wollust,
O öffne mir, empfange mich!
Denn um dich leide ich Höllenqualen!

Die Alte lässt jedoch nicht locker, genauso wenig wie der junge Mann, und es entspinnt sich folgender Dialog:

Kein Wort mehr, komm', du musst mit mir ins Bett!

Das muss ich nicht, du hättest denn für mich
Zwanzig Prozent an Steuern an den Staat gezahlt.

Du musst, bei Aphrodite, denn ich schlafe
Fürs Leben gern mit Männern deines Alters.

Ich aber nicht mit Weibern deines Alters!
Ich tu' es nicht, um keinen Preis der Erde!

Da hält ihm die Alte das Gleichstellungsgesetz unter die Nase und zitiert:

Beschluss der Frauen: Wenn ein junger Mann
Ein junges Weib begehrt, darf er nicht
Zustoßen, ehe er eine alte Frau gestoßen hat.
Und will er nicht, läuft er der Jungen nach,
So dürfen ihn die alten Frau'n am Hodensack
Ergreifen und zum Verkehr mit ihnen dienstverpflichten.

Der junge Mann ist entsetzt:

Als wäre mir nicht längst genug schon zugestoßen!

Doch die Alte kennt kein Pardon:

Du musst, Gehorsam fordert das Gesetz!

Auf dies Gesetz berufen sich dann noch zwei weitere Frauen, noch älter und noch hässlicher als die erste und deshalb vor ihr anspruchsberechtigt. Gemeinsam schleppen die drei Hexen ihr Opfer mit sich fort, das Gleichstellungsgesetz erlaubt es und verlangt es so.

Den Epilog spricht eine betrunkene Sklavin. Pathetisch rühmt sie das Glück der Bürger unter dem neuen Regiment. Aristophanes musste nicht erst auf die Verheißung von Alten- und Frauen-, von Arbeiter- und Bauernparadiesen warten, um sich vorzustellen, dass radikale Gleichstellung Armut für alle bedeutet. Dann gibt es Erbsensuppe und Fassbrause für jeden, und deshalb singt die Sklavin:

Heil dir, o Volk, beglücktes Vaterland!
Ihr Nachbarn, Freunde, glücklich seid auch ihr!
Ihr seid so glücklich wie die Magd, wie ich!

Mit diesem Kommentar klingt die große Zeit der griechischen, der attischen Literatur aus. Nach dem katastrophalen Ausgang des Peloponnesischen Krieges waren die Bürger müde geworden, ihr politischer Einsatz hatte sich nicht gelohnt, Athen war eine Trabantenstadt geworden, abhängig von anderen Mächten, von Sparta, Theben oder Rom. Die Volksversammlung kam zwar immer noch zusammen, Theateraufführungen zu Ehren des Dionysos gab es nach wie vor; nur wollte man nicht mehr die großen, anstrengenden und aufregenden Themen, sondern die kleinen, beschaulichen oder burlesken Szenen, phantastische Geschichten aus dem Alltag, in denen die Politik, wenn überhaupt, nur noch am Rande vorkam. Man hatte genug riskiert und zu viel verloren, um es noch einmal zu versuchen. Jetzt wollte man zunächst einmal in Ruhe gelassen werden und sich amüsieren: Brot und Spiele, das Motto der römischen Kaiserzeit, kündigte sich an.

7. PANORAMA DES LEBENS: DIE GRIECHISCHE KUNST

Nur noch in Resten ist die griechische Kultur vorhanden. Beim Untergang des Römischen Reiches, in den Wirren der Völkerwanderungszeit, durch die erklärte Feindschaft des jungen Christentums und die Eroberungszüge der Mohammedaner hat sie Zerstörungen und unersetzliche Verluste erlitten. Dass sie trotzdem so wenig von ihrem ursprünglichen Charme verloren hat und immer noch so deutlich zu uns spricht, ist vor allem ihrer architektonischen und plastischen Hinterlassenschaft zu danken. Hier arbeiteten die Künstler in Stein und Bronze, Materialien, die den Stürmen der Zeit mehr Widerstand entgegensetzen konnten als Holz und Papyrus, Wachs, Ton oder Pergament. So konnten die Formen, die von den Griechen erfunden und in kürzester Zeit zur Perfektion entwickelt worden sind, die Jahrhunderte überdauern und stilbildend wirken bis heute.

Dass sie den erheblichen Aufwand zugunsten der bildenden Künste nicht unbeeindruckt von der Aussicht auf Ruhm und Ansehen trieben, lässt eine Stelle des Atheners Thukydides erkennen. Gleich zu Beginn seines Werkes über den 30jährigen Krieg zwischen den beiden Vormächten Griechenlands macht er sich Gedanken darüber, wie weit man vom architektonischen Erbe einer Stadt auf ihre politische und militärische Bedeutung schließen darf, und demonstriert das am Beispiel von Athen und Sparta. Wenn Sparta irgendwann veröden und verkommen würde, spräche wenig oder nichts für die überragende Stellung, die die Spartaner in klassischer Zeit tatsächlich innehatten, «denn da sie nicht an einem Ort zusammenwohnten und keine kostbaren Bauten errichteten, sondern nach altgriechischem Brauch verstreut in kleinen Dörfern lebten, könnte die Stadt armselig wirken.» Ganz anders Athen, das man auf Grund seiner Tempel und Paläste für doppelt so mächtig halten müsste, wie es in Wirklichkeit einmal war. Kein heutiger Tourist, der die beiden Städte mit offenen Augen besucht, wird dem widersprechen. Verlockt vom märchenhaften Ruf der Stadt, wird er nach Athen kommen und möglichst viele Tage in der Stadt verbringen. Nach Sparta dürfte er nur ausnahmsweise reisen, und wenn, wird er die Ahnung des Thukydides bestätigt finden, denn zu betrachten gibt es da nicht viel.

Die Athener sind für die Energie, mit der sie ihre Stadt nach der Zerstörung durch die Perser im Jahr 480 wieder aufgebaut haben, keineswegs nur bewundert worden. Sie bekamen auch Vorwürfe zu hören, zumal von ihren Nachbarn und Konkurrenten, die in dem glanzvollen Ausbau der Akropolis nicht nur ein Zeichen von Verschwendung, sondern ein gefährliches Indiz für den hegemonialen Machtanspruch der Stadt erkannten. Damit hatten sie gar nicht so Unrecht, denn die Athener benahmen sich wie Imperialisten – nur eben wie Imperialisten besonderer Art, wie kulturelle Imperialisten. Genau genommen tun sie das auch heute noch, denn überlebt hat die Stadt ja nicht als ein Gebilde von politischem Gewicht – da war die

Glanzzeit schnell vorbei –, sondern als Großmacht in Dingen der Kultur. In dieser Eigenschaft hat Athen die ganze Welt erobert, deren hauptstädtische Architektur sich bis heute an das Vorbild hält, das die Griechen, Athen an allererster Stelle, mit ihren repräsentativen Bauformen gegeben haben. Für die Mall in Washington gilt das genauso, wie es schon für die Hauptstadt der antiken Welt gegolten hatte, für Rom.

In seinem «Cicerone», einer Anleitung zum Genuss der Kunstwerke Italiens, meint Jacob Burckhardt, dass es in ganz Europa nur zwei architektonische Ideen gegeben habe, die maßgeblich wurden für alles Weitere, den antiken Tempel und die gotische Kathedrale. Die eine ist von den Griechen entworfen und entwickelt worden, die andere von den Franzosen. London mit seinem House of Parliament mag für den zweiten Typus stehen, der Rest der Welt steht für den ersten. Und das mit Grund, weil der Tempel auf Außenwirkung, auf Anschauung und Diesseitigkeit angelegt ist, während der Kathedralstil, geprägt vom christlichen Wunsch nach Erlösung und Transzendenz, zur Darstellung von irdischer Macht und weltlicher Herrlichkeit nicht recht taugt.

Athens schneller Aufstieg zur kulturell führenden Macht Griechenlands begann mit einem Übergriff. Um die Mitte des 5. Jahrhunderts fühlte sich die Stadt, selbstbewusst geworden als Kopf des attisch-delischen Seebundes, stark genug, die Bundeskasse von der Insel Delos, wo sie bisher deponiert worden war, nach Athen zu überführen. Damit nicht genug, haben die Athener das Geld nicht nur verwaltet, sondern auch nach ihrem Gutdünken ausgegeben. Proteste der Bundes-

genossen, die sich auf das Niveau von Hintersassen zurück-
gestuft sahen, wies Perikles mit der Begründung zurück, die
Stadt sei ihren Verbündeten keine Rechenschaft schuldig, solange sie ihnen das biete, was sie als Gegenleistung verspro-
chen hatte, Schutz vor den Persern nämlich. Damit begann der
Ausbau der Akropolis in einem Umfang, der alles Gewohnte
weit übertraf. Noch Jahrhunderte später schrieb Plutarch, der
die Burg unzerstört vor Augen hatte: «So stiegen die Bauten
in stolzer Größe und unnachahmlicher Schönheit empor, und
die Meister wetteiferten miteinander, durch die Genauigkeit
der Arbeit über ihr Handwerk hinauszuwachsen. Das Wun-
derbarste war aber die Schnelligkeit. Denn obschon man glauben möchte, dass zur Vollendung jedes einzelnen Bauwerks
die Arbeit vieler Generationen kaum genügen würde, wurden
sie alle unter einer einzigen Regierung, unter Perikles, zu Ende
geführt. Ihre Schönheit versah sie mit der Würde des Alters,
ihre lebendige Kraft schenkt ihnen bis auf den heutigen Tag
den Reiz der Neuheit und der Frische. Es liegt ein Hauch von
immerwährender Jugend über diesen Werken, die Zeit geht
vorüber, ohne ihnen etwas anhaben zu können, als atme in
ihnen ein ewig blühendes Leben, eine nie alternde Seele.» Nie
wieder dürfte ein Staat von seiner Macht und seinem Geld
einen besseren Gebrauch gemacht haben als Athen unter der
Herrschaft des Perikles.

Und niemals wieder dürften weniger Menschen in kürzerer
Zeit künstlerisch mehr geleistet haben als damals. Sie für
den Plan zu gewinnen war nicht leicht, der Widerstand war
auch unter den Bürgern erheblich. Viele von ihnen hätten es

lieber gesehen, die gewaltigen Summen, die der Neubau der Akropolis verschlang, in Form sozialer Wohltaten unter das Volk zu streuen. Perikles war allerdings geschickt genug, das eine nicht auf Kosten des anderen zu forcieren, und lockte seine Athener mit der Aussicht auf Arbeit und Einkommen. Jede Hand werde gebraucht, jeder Beruf hätte zu tun, versicherte er in der Volksversammlung, und die gesamte Stadt würde ihren Lohn erhalten, «indem sie sich schmückt und zugleich ernährt.» Unter den Berufen, die bei dem riesigen Unternehmen zu Geld und Arbeit kamen, waren nicht nur die Steinmetzen und die Bildhauer, sondern auch Zimmerleute und Kupferschmiede, Färber, Maler und Gerber. Transporte zur See brachten den Reedern, den Matrosen und den Steuerleuten Gewinn, Transporte zu Lande den Wagenbauern, Pferdehaltern und Fuhrleuten, den Seilern, Leinewebern, Sattlern, Straßenbauern und Bergleuten. Der Umfang und die Vielfalt der Arbeiten hätten jedem Alter und jedem Beruf sein Auskommen gesichert, heißt es bei Plutarch. Die Menschen waren weniger als Finanziers gefordert – Geld genug war ja vorhanden – als in ihrer Eigenschaft als Unternehmer und Organisatoren, als Handwerker und Künstler. Das Brechen und Bearbeiten der Steine mussten sie buchstäblich selbst in die Hände nehmen; nur so war es möglich, in einer Zeit, deren mechanische Hilfsmittel über Hebel und Flaschenzug nicht hinausreichten, den Haupttempel des Burgbergs, den der Athena geweihten Parthenon, in ganzen fünfzehn Jahren zu erbauen: in einem Bruchteil der Zeit, der heute gebraucht wird, um die Ruine zu restaurieren.

Ohne das genuine Künstlertum, das den Griechen im Blut gelegen haben muss, hätten sie ihre Tempel aber nicht zu dem machen können, als was sie vor uns stehen. Sie als Gebäude zu betrachten ist ja nicht ganz richtig; sie waren Großplastiken, die herzustellen technische Ansprüche erhob, die wir nur noch mit Hilfe der Meßtechnik erkennen und nachvollziehen können. Ihre Wirkung beruht nicht nur auf dem leichthändigen Umgang mit den gewaltigen Massen; nicht nur auf den gelungenen Proportionen, dem Ausgleich zwischen tragenden und lastenden Elementen; nicht nur auf der Sicherheit, mit der die Plastik, statt wie in der Gotik über den gesamten Baukörper verstreut zu werden, dort angebracht wurde, wo sie hingehört, auf Giebeln, Friesen und Metopen. Entscheidend ist die unsichtbare Arbeit am Detail, die Sorgfalt im Einzelnen, das Abweichen von den strengen Vorgaben der Geometrie, wo dies aus ästhetischen Gründen nötig schien. Nur das unterscheidet einen griechischen Tempel von allem, was in späteren Zeiten entworfen und gebaut worden ist. Und nur das hat dem massigen Baukörper eine Leichtigkeit verschafft, der die Zerstörung oder der Verlust von ein paar Bauelementen nicht viel anhaben konnte.

Ein Aufriss der Ostfront des großen Zeustempels in Olympia ist dazu angetan, das Geheimnis dieser Architektur ein Stück weit zu lüften. Beim Nachmessen und Nachrechnen erkennt man, dass die Griechen offenbar Recht hatten, wenn sie hinter der Schönheit die Zahl, genauer: ein ganz bestimmtes Zahlenverhältnis vermuteten. In Olympia und anderswo war der Abstand zwischen den Säulen genau halb so groß wie die

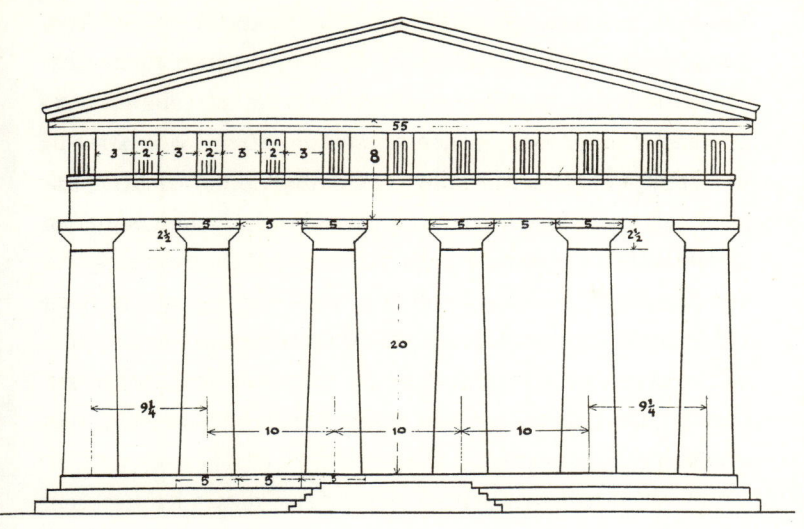

Säulenhöhe; unterhalb des quer liegenden Architravs wird
dieser Abstand von den quadratischen Deckplatten, in die der
Säulenschaft nach oben hin ausläuft, noch einmal halbiert; im
darüberliegenden Fries, in dem die dreifach gekerbten Trigly-
phen mit den rechteckigen Platten der Metopen regelmäßig
abwechseln, verkleinert sich das Grundmaß dann noch einmal auf das Verhältnis 3:2. Sämtliche Bauglieder folgen diesem
Rhythmus, sie bilden ein Mehrfaches oder Bruchteile von jener Grundeinheit, als die der Abstand von Säule zu Säule an-
zusehen ist. Soweit das Zahlenschema, das so oder so jedem
Tempel, der nach der dorischen Ordnung erbaut worden ist,
zu Grunde liegt.

Das Ganze würde allerdings wohl starr und leblos wirken, wenn es dem Schema sklavisch folgte. Das tut es aber nicht, der ästhetische Anspruch war stärker und erzwang Abweichungen vom geometrischen Korsett, er setzte das Schema in Bewegung und löste die starre Ordnung wieder auf. Etwa dadurch, dass die Säulen nicht exakt senkrecht stehen, sondern leicht nach innen geneigt sind; oder durch die Schwellung, die den Schaft nicht schnurstracks, sondern leicht gebaucht nach oben zulaufen lässt und so die Säule zum Atmen bringt. Ähnlich der Unterbau des Tempels, der Stylobat, der keineswegs flach ist wie ein Billardtisch, sondern sich bläht wie ein von unten angeblasenes Segel.

Die Archäologen glauben zu wissen, wie dieses Kunststück, die Kurvatur, zustande kam. Nachdem der Unterbau des Tempels zunächst flach angelegt worden war, wurde an den vier Ecken eine Schnur befestigt, die zur Mitte hin durchhing. Die flache Kurve, die sich dabei ergab, wurde gespiegelt, gewissermaßen umgestülpt, und so das Maß gewonnen, um das der Stylobat nachträglich wieder bereinigt wurde. Die Mitte blieb, wie sie war, doch nach den Ecken hin wurde so lange abgetragen, bis der Unterbau eben wirkte: wirkte, aber nicht war. Am Ende hatte er die Form des schon erwähnten Segels angenommen: eine gigantische, aus heutiger Sicht überflüssige, ja sinnlose Arbeit, da unsereiner die geringen Abweichungen ohne den Gebrauch technischer Hilfsmittel gar nicht mehr bemerkt.

Die Griechen haben sie aber wahrgenommen und den allzu strengen Entwurf entsprechend korrigiert. Sie wussten, dass die vollkommene Gerade optisch durchhängt, und suchten diesem störenden Effekt dadurch beizukommen, dass sie die Gerade in dem Maße überhöhten, um das sie für das Auge einen Bauch zu bilden schien. Was die Griechen richtig und spätere Baumeister fast durchweg falsch gemacht haben, erkennt man beim Blick auf die Querbalken, die in vielen italienischen und manchen deutschen Kirchen den offenen Dachstuhl tragen. Sie scheinen durchzuhängen, und zwar um so stärker, je schwerer die Last aussieht, die auf ihnen zu ruhen scheint. Die Griechen hätten das nicht hingenommen und so lange gebogen und verformt, bis ihr Auge zufrieden war. Die Ästhetik ging vor und rechtfertigte jeden, buchstäblich jeden Aufwand.

Experimentieren mussten natürlich auch die Griechen. Es dauerte aber nie sehr lange, bis sie gefunden hatten, was sie wollten. Das haben sie dann beibehalten; zwar noch verfeinert und endlos variiert, aufgegeben aber erst dann, als es nicht nur mit ihrer Kunst, sondern auch mit ihnen selbst zu Ende ging und sie ihr lebhaftes Interesse am menschlichen Maß verloren hatten. Das Riesengroße und das Allzukleine scheinen sie nicht gemocht zu haben; Kolossalstatuen und Kleinfiguren sind aus der Frühzeit bekannt, danach werden sie seltener. In der klassischen Periode, der Kunst des fünften Jahrhunderts, blieb das Übermaß Götterbildern wie der Athena Promachos oder dem olympischen Zeus vorbehalten. Damals, im fünften Jahrhundert hatte sich der menschliche Körper, lebensgroß und möglichst nackt, als einzig lohnendes Objekt der bildenden Kunst endgültig durchgesetzt. Bezeichnend, dass sich von den sieben Weltwundern, die ja vor allem ihrer Größe, ihrer Kühnheit und ihres Aufwands wegen bestaunt wurden, nur ein einziges, das in Gold und Elfenbein gearbeitete Sitzbild im Zeustempel von Olympia, im Mutterland befand. Das Monumentale war etwas für die anderen, für die Griechen in Kleinasien oder in Sizilien. Dort standen die Riesentempel von Ephesos und Milet, von Syrakus und Agrigent, nicht in Athen und schon gar nicht in Sparta. Diese Bauwerke waren gewaltig und dementsprechend berühmt; schön in dem Sinne, der im Mutterland als maßgeblich galt, waren sie aber nicht.

Nichts davon hat sich auch nur annähernd vollständig erhalten. Der Zeus von Olympia ist ebenso verschwunden wie sein Haus, der dortige Tempel. Wie alle Bauwerke der Antike ist er zunächst von fremden Völkern geplündert, dann von den Christen vernachlässigt und zerstört worden; den Rest besorgten die Zeit und die Türken, die mit dem antiken Erbe nichts anzufangen wussten. Vergleichsweise gut ergangen ist es ausgerechnet jener Gattung, die gewöhnlich nicht zur Kunst, sondern zum Kunsthandwerk gerechnet wird, der griechischen Töpferei. Das lag vor allem daran, dass attische Vasen schon während der Antike im ganzen Mittelmeerraum begehrt waren und in großer Zahl exportiert wurden. Beliebt als Beigaben für die Toten, haben sie in etruskischen Gräbern überdauert, zum guten Teil sogar ganz unbeschädigt. Jedes größere Museum besitzt ein paar Stücke, die besten befinden sich in den Sammlungen von München und Berlin. Sie berichten von der Kunstfertigkeit und der Kennerschaft des einfachen Volkes, denn Vasen waren Haushaltsgegenstände und sind schon deshalb von unschätzbarem Wert, weil sie mit ihren vielen Bildern eine Vorstellung vom Alltag in Athen geben.

Was auf den ersten Blick beeindruckt, ist die Fülle der Formen. Für alles Mögliche, zur Aufbewahrung von Honig, Milch und Öl, zum Mischen und zum Trinken des Weins, zum Wasserholen und zum Kühlen haben die Griechen Dutzende von Gefäßtypen geschaffen, allesamt praktisch und allesamt schön genug, um in der Folgezeit als Muster zu dienen. Ihre Abbilder lassen sich dutzendfach in ganz Europa nachweisen, alle anspruchsvollen Manufakturen haben sie kopiert und weiter entwickelt. Es ging dabei nicht nur um die gelungene Form, sondern auch um die Verteilung der Schmuckelemente über den Vasenkörper und das Ergebnis, den Gleichklang von Umriss und Dekor. Motive wie der Mäander oder der Palmettenfries sind griechischen Ursprungs und durch ihre Gefäßmalerei überall populär geworden. Das dritte Element der Töpferkunst, die Darstellung von mythologischen Motiven und Szenen aus dem Alltag, bietet den einzigen, wenn auch höchst unvollständigen Ersatz für das, was die Griechen in der Malerei geleistet haben, was aber so gut wie vollständig verloren ist. Zeuxis, Apelles und Parrhasios sind Namen von Malern, die in der einschlägigen Literatur immer wieder auftauchen, von denen aber nichts erhalten blieb. Ohne die Vasenbilder, ohne die römischen Fresken und ohne die eine oder andere Mosaikdarstellung, der irgendein bekanntes Gemälde zu Grunde lag, wäre dieser Zweig der griechischen Kunst spurlos verschwunden.

Mehr als Fragmente gibt es nicht. Das Fragmentarische ist allerdings so eindrucksvoll, dass man versteht, warum in Zeiten des Umbruchs und der Neuorientierung immer wieder auf das griechische Vorbild zurückgegriffen worden ist. Kein anderes Volk hat mit ähnlicher Besessenheit und ähnlichem Erfolg seine natürliche Umgebung auf ihre ästhetischen Vorzüge hin abgesucht und nach seinen eigenen Vorstellungen umgestaltet, verschönert und verfeinert. Der Hunger nach Schönheit hat allem seinen Stempel aufgedrückt, den Tempeln genauso wie den Gegenständen des täglichen Bedarfs, den Münzen und den Öllämpchen, den Vorratsbehältern und den Waffen; auch die gehörten ja zum Alltag. Wie immer macht Homer auch hier den Anfang, indem er die durch den Tod des Patroklos erzwungene Kampfpause dazu benutzt, den Schild zu beschreiben, den Hephaistos auf Bitten der Thetis, der Mutter des Achilleus, als Ersatz für die Rüstung anfertigt, die Patroklos trug, als er von Hektor besiegt, erschlagen und beraubt wurde. Es beginnt mit der Auswahl des Materials:

> Unzerstörbares Erz und Zinn jetzt warf er ins Feuer,
> Gold von köstlichem Wert und Silber, und setzte dann
>   weiter
> Fest auf den Block den mächtigen Amboss, ergriff mit der
>   Rechten
> Drauf den wuchtigen Hammer und nahm mit der Linken
>   die Zange.

Was er damit herstellt, ist ein Abbild der ganzen Welt:

Bildete oben darauf die Erde, das Meer und den Himmel,
Ferner den vollen Mond und die unermüdliche Sonne,
Dann auch alle Sterne dazu, die den Himmel umkrönen,
Oben das Siebengestirn, die Hyaden, die Kraft des Orion
Und den Bären, den auch mit Namen den Wagen sie
  nennen,
Der auf der Stelle sich dreht und stets den Orion belauert,
Doch als einziger Teil nicht hat an Okeanos' Bade.

Nach dieser Darstellung des Himmels kommt das Leben auf der Erde an die Reihe. Der göttliche Schmied Hephaistos bildet nach, wie es im Krieg zugeht und auf den Märkten, bei der Jagd, bei der Weinlese und bei der Feldbestellung. Am Ende steht das Selbstporträt des Künstlers als «göttlicher» Sänger und bewunderter Mittelpunkt des öffentlichen Lebens:

Dicht aber stand das Volk, in schwingenden Reigen
  versammelt,
Froh sich ergötzend, und unter der Menge ein göttlicher
  Sänger
Rührte die Saiten und sang, indes zwei springende Gaukler
Kreisend sich drehten, sobald er begann. Das war in der
  Mitte.

Gemeint ist wohl beides, die Mitte der Szene und die Mitte des Schildes: der kreisrunde Schild als Abbild der kreisrunden Erde mit dem Sänger im Zentrum des Geschehens. Es genügt, dies eine Detail mit der Schildbeschreibung zu vergleichen, die

Vergil im 8. Buch der Äneis anstellt, um den Abstand zwischen dem griechischen Original und seinem römischen Nachahmer zu erkennen. Denn dort, wo bei Homer der Künstler steht, sitzt bei Vergil der Herrscher auf dem Thron. Im Zentrum steht bei ihm die Szene, wie Augustus, der Friedenskaiser, die Huldigung der von ihm unterworfenen Völkerscharen entgegennimmt. Der Unterscheid zwischen den kunstliebenden Griechen und Rom, wo alles, auch die Kunst, im Dienst der Machtentfaltung stand, ist hier mit Händen zu greifen.

Die Waffenschmiede unterbricht die endlose Schlacht, von der die Ilias in vierundzwanzig Gesängen berichtet. Immer wieder werden da Augen ausgestochen und Ohren abgeschlagen, werden die Weichteile durchbohrt und stürzen die Helden, von einer Lanze mitten in die Brust getroffen, rasselnd vom Wagen: Das ist die Wirklichkeit des Krieges. Vor dem Beginn des letzten Aktes, des Zweikampfs zwischen Hektor und Achilleus, der mit dem Sieg des Griechen endet, hält Homer inne. Er hebt den Blick und lässt ihn wandern. Was er dabei erblickt, verarbeitet der göttliche Kunstschmied zum Bild des Menschen in der Welt. Mitten im mörderischen Krieg entfaltet sich das Panorama des Lebens. Die Mittel dazu fand ein Grieche in der Kunst.

Einer der beiden Krieger von Riace. Sie demonstrieren das
Körperideal der Klassischen Epoche.

Raffael, Die Schule von Athen. In der Mitte Platon und
Aristoteles, umgeben von Vorläufern und Erben.

8. FRAGEN SIND WICHTIGER ALS ANTWORTEN: DIE PHILOSOPHEN

Von ihren Handelspartnern, Grenznachbarn oder Kriegsgeg-
nern, den Phöniziern, den Lydern und den Persern, sind die
Griechen als ein ausgesprochen junges Volk betrachtet worden; sie haben sich auch selber so gesehen. Lässt man ihre Kulturgeschichte mit Homer (um 800) beginnen und mit Athens
Niederlage im Peloponnesischen Krieg (404) auslaufen, dann
liegen zwischen Anfang und Ende gerade einmal zwölf Generationen – zu wenig, um als Volk gemeinsam alt zu werden.
Wie Kinder haben sie die Welt betrachtet, neugierig, unbefangen und jederzeit bereit zum Lernen. Wenn sie auf etwas
Ungewohntes stießen – und das geschah natürlich ständig –,
reagierten sie nicht mit Angst, mit Rückzug oder blinder Verehrung, erst recht nicht mit dem Versuch, dem Phänomen
durch Zauber oder irgendeinen Hokuspokus beizukommen.
Das Übernatürliche und Geheimnisvolle kannten zwar auch
sie, nur wenige Völker haben dazu mehr Veranlagung bewiesen
als die Griechen; die Orakel von Delphi und Dodona wurden ja
nicht nur von ihnen selbst befragt, sondern von Ratsuchenden
und Abgesandten aus aller Herren Länder. Die Begegnung mit
bedrohlichen oder rätselhaften Erscheinungen wie Erdbeben
und Sonnenfinsternissen oder der «heiligen» Krankheit, der
Epilepsie, löste bei ihnen statt frommer Schauder aber nur den
Wunsch aus, der Sache auf den Grund zu gehen.

Das hat sie zu Erfindern der Philosophie werden lassen, der Liebe zur Weisheit. Die vielen Weltentstehungsgeschichten, die bei den Griechen in Umlauf waren und von den Philosophen aufgegriffen worden sind, lebten von der Frage nach dem Ursprung. Eine der frühesten Antworten stammt von dem Dichter Hesiod, der in seiner Göttergenealogie das Chaos an den Anfang stellt. Auf diese Auskunft soll der junge Epikur, ganz Philosoph, als der er sich schon damals fühlte, mit Enttäuschung reagiert haben. Als er bei der gemeinsamen Lektüre, wie sie in der griechischen Elementarschule üblich war, auf die berühmte Stelle stieß, soll er seinen Lehrer gefragt haben, woraus denn das Chaos entstanden sei; und als der keine Antwort wusste, den Unterricht empört verlassen haben. Die Griechen wollten gern den Grund der Dinge kennen lernen. In vielen Fällen ist das auch geglückt; Demokrit wurde auf diesem Wege zum Vater der Atomtheorie. Er schaffte das ohne technische Hilfsmittel, durch bloßes Hinschauen und Nachdenken.

Thales, mit dem die Reihe der ionischen Naturphilosophen beginnt, war sicherlich nicht der Erste, der nach einer Erklärung für die Sonnen- und Mondfinsternisse suchte. Er scheint jedoch der Erste gewesen zu sein, der ihren Eintritt berechnen und voraussagen konnte. Der Anbetung der Sonne tat das keinen Abbruch, sie hat in der gesamten Antike göttliche Ehren genossen, am Ende sogar widerwillig Pate gestanden bei der Festsetzung des Geburtstags des neuen, christlichen Gottes; das Weihnachtsfest fällt auf den Tag, den die Römer dem *Deus Sol Invictus*, dem unbesiegten (oder unbesieg-

baren) Sonnengott, geweiht hatten. Der blinden und boden-
losen Angst, die Mensch und Tier zu befallen pflegt, wenn
das gewohnte Sonnenlicht mitten am Tag plötzlich ausbleibt,
ist durch die natürliche Erklärung des Thales aber der Boden
entzogen worden. Davon berichtet die Anekdote, der zufolge
sich die Sonne just in dem Moment verfinsterte, als Perikles
zu einem größeren Flottenunternehmen aufbrechen wollte.
Da so etwas als böses Omen galt, war das Entsetzen unter der
Mannschaft groß. Als Perikles das bemerkte, soll er dem vor
Angst schlotternden Steuermann seines Schiffes den Mantel
vor die Augen gehalten und ihn gefragt haben, ob er denn jetzt
irgendein Unglück oder ein böses Vorzeichen zu erkennen
glaube. Nachdem der Steuermann das verneint hatte, habe
Perikles von ihm wissen wollen, wo denn der Unterschied
liege zwischen dem, was hier unten, und dem, was dort oben
geschehen sei – «abgesehen davon, dass der Gegenstand, der
die Sonne verdunkelt, größer ist als mein Mantel.»
Zu solchen Berichten scheint nur schlecht zu passen, dass
Aristoteles das Wunder als den Anfang der Philosophie bezeichnet. Es passt jedoch ganz ausgezeichnet. Das Wort Wunder, bei dem die Deutschen, mehr oder weniger unbewusst,
die Wundertaten vor Augen haben, von denen die Evangelien
berichten, bezeichnete bei den Griechen nämlich nicht viel
mehr als ein Stutzigwerden, ein ganz normales Anstoßneh-
men. Das Wunder schließt die rationale Deutung keineswegs
aus, es begünstigt sie sogar, verlangt nach ihr. Während das
deutsche Wort dazu einlädt, auf die Knie zu fallen und nicht
weiter nachzufragen, ruft das griechische Wunder die umge-

kehrte Reaktion hervor: Es wirkt wie eine Aufforderung, der Sache nachzugehen, sie zu erklären, zu verstehen und anderen begreiflich zu machen. Wenn Homer von Göttern und Menschen und vielen anderen Dingen erklärt, sie seien «ein Wunder zu schauen», schwankt die Bedeutung zwischen Bewundern und Sich-Verwundern. Später, bei Platon, in dessen Dialogen sich die Gesprächspartner gern mit «Du Wunderbarer» oder «Du Wunderlicher» anreden, überwiegt dann aber die Bedeutung des Sonderbaren, ja Sonderlichen. Und damit ist die Ebene erreicht, die Aristoteles im Auge hatte, als er das Sich-Wundern den Anfang der Philosophie nannte.

Philosophie, das meint, woran in der Antike oft und gern erinnert wird, die Liebe zur Wahrheit, nicht ihren Besitz. In der Tragödie «Hippolytos» bittet der Chor ausdrücklich nicht um Wahrheit, sondern um ein freundliches, leichtes und ausgeglichenes Gemüt, so wie es jedermann sich wünscht. Philosophie ist keine Berufstätigkeit, schon gar nicht eine akademische; das Wort hat Aufforderungscharakter und richtet sich an alle Menschen, auch an die Sklaven und an die Barbaren. Der Philosoph ist eben gerade nicht «der Weise, welcher sitzt und denkt und tief sich in sich selbst versenkt», sondern der Amateur, der Liebhaber, der vermutet oder entdeckt hat, dass es hinter der ersten, der sichtbaren, noch eine zweite Wirklichkeit geben könnte, die sich durch logische Operationen erschließen lässt, durch Nachdenken und Vergleichen, durch Rechnen und Spekulieren.

Die Natur der Dinge verbirgt sich gern, heißt es bei Heraklit, einem der vielen Nachfolger des Thales. Das war die Parole für alle, die es ähnlich machten wie er und im Sichtbaren nach Spuren suchten für das Unsichtbare. Ob sie dabei auf das Wasser als einen Urstoff stießen (Thales); ob sie eine Genealogie der Götter entwarfen (Hesiod); ob sie zur Vorstellung des unbegrenzten Raums gelangten (Anaximander); ob sie zu Vorkämpfern des Monotheismus wurden (Xenophanes); ob sie das Mysterium der Zahl entdeckten (Pythagoras); ob sie wie Platon die Idee des Guten oder wie Aristoteles den unbewegbar Bewegten an den Anfang setzten: Das macht unter diesem allgemeinen Gesichtspunkt keinen allzu großen Unterschied. Gemeinsam und in diesem Sinne typisch ist der Wunsch, über das Gegebene, das vor den Füßen Liegende hinauszukommen. Nur eines wird dabei niemals gesucht und deshalb auch niemals gefunden, ein Jenseits. Das gab es für die Griechen nicht, nicht einmal für Platon. Er brauchte die unsterbliche Seele zur Begründung seiner rigorosen Moral, nicht wie die Christen als Ausgangspunkt für ihren Glauben an ein anderes, besseres Leben. Das Leben spielte sich hier und heute ab und nirgends sonst.

Bei ihrer Suche nach den ersten Dingen kam den Griechen der Umstand zugute, dass sie von der – oder den – Ursachen eine andere Vorstellung hatten als wir. Wo heutzutage nur noch eine, die Wirkursache vorkommt, kannten sie zwei, die Wirk- und die Zweckursache. Die eine sah auf den Ursprung, die andere auf das Ende der Bewegung, und diese zweite galt den Griechen erheblich mehr als die erste. Es war diese Weltsicht, die sie weniger nach dem Woher als dem Wohin einer Entwicklung fragen ließ. Plutarch exemplifiziert das an der

Arbeit des Naturforschers einerseits und des Zeichendeuters auf der anderen Seite: so wie der eine die Aufgabe habe, durch Beobachtung festzustellen, woher ein Phänomen stammt, sei es die Aufgabe des anderen, ihren Sinn und ihre Absicht herauszufinden. Alle Dinge, jedes Lebewesen und jeder Gegenstand trug seinen Zweck in sich selbst; bei Aristoteles wird daraus die für ihn und alles Weitere so bedeutsame Lehre von der Entelechie, die man als Fähigkeit beschreiben kann, das Ziel der Entwicklung aus sich heraus anzusteuern. Werde, der du bist, sagt Pindar, und fügt hinzu: durch Lernen! Von der modernen Naturwissenschaft sind die Griechen für ihren festen Glauben an die Zweckursache getadelt worden; die ökologische Bewegung hat das jedoch als voreilig erkannt und mittlerweile korrigiert. Sie greift wenn schon nicht wörtlich, so doch der Sache nach auf Aristoteles und seine Teleologie zurück. Wie er blickt sie aufs Ende der Bewegung, betrachtet die Natur unter dem Aspekt dessen, was sie aus eigenem hervorbringt, als Selbstzweck also.

Gegenstand der griechischen Philosophie war die erfahrbare Natur, die menschliche genauso wie die außermenschliche. Was sich im Laufe der Zeit in tausend Spezialfächer und Sonderforschungsgegenstände zerlegt und zur Unterscheidung von reiner, angewandter und anwendungsnaher Wissenschaft geführt hat, gehörte für sie zusammen. Ihr Wort für das All, der Begriff «Kosmos», kam ihnen dabei entgegen, denn er umfasste mindestens dreierlei: den bloßen Zustand der Welt, ihr erfreuliches Aussehen und ihre gute, zweckmäßige Einrichtung. Die verlästerte humanistische Trias, die Harmonie von Wahr und Schön und Gut, verlangte von einem Griechen kein Bekenntnis, sie ergab sich aus Betrachtung der Welt, so wie sie war, von selbst. Die Außenwelt zu untersuchen hieß gleichzeitig, sie zu genießen und sie als Maßstab für die eigene Lebensführung anzuerkennen. Goethe steht noch in dieser, zu seiner Zeit längst nicht mehr gültigen Tradition, wenn er seinen Faust kurz vor dem Ende klagen lässt:

Könnt' ich Magie von meinem Pfad entfernen,
Die Zaubersprüche ganz und gar verlernen,
Stünd' ich, Natur, vor dir ein Mann allein,
Da wär's der Mühe wert, ein Mensch zu sein.

Die Sehnsucht nach der ganzen war auch die Sehnsucht nach der *einen* Natur, die alles das umfasst, was die moderne Naturwissenschaft in tausend Spezialdisziplinen zerlegt hat. Sie zielte auf einen Naturbegriff, in dem Physik und Ethik, Erkenntnistheorie und Ästhetik konvergieren.
Dieser Sehnsucht zum Trotz hat es auch in der griechischen Philosophie einen tiefen Bruch gegeben. Für den steht Sokrates. Die geläufige, schon in der Antike übliche Unterscheidung zwischen vorsokratischer und nachsokratischer Philosophie bringt das zum Ausdruck. Cicero hat die sokratische Wende mit dem Bild des Rebellen umschrieben, der die Philosophie vom Himmel auf die Erde geholt habe. Tatsächlich hat Sokrates mit der Spekulation über Weltgeist und Weltentstehung, wie sie von den ionischen Naturphilosophen betrieben worden war, Schluss gemacht und sie durch jene Fragen ersetzt,

die seither dem Fach die Richtung weisen. *Quid supra me, nil ad me* – «Was über mir ist, geht mich nichts an» – hieß das lateinische Motto für diesen sokratischen Blickwechsel. Wiesen und Bäume, erklärt Sokrates im Dialog «Phaidros», könnten ihn nichts lehren, das Gespräch mit den Menschen in der Stadt aber sehr viel, weswegen er es vorziehe, sich dort aufzuhalten und nicht in der freien Natur.

Die richtige Form für solche Gespräche ist der Dialog, die Unterredung zwischen zwei oder mehr Personen, eine Form, die Platon, Sokrates' Schüler und Erbe, denn auch konsequent anwendet. Sokrates kommt seinen Partnern nicht mit fertigen Antworten, sondern mit Fragen, mit endlosen Fragen, die den Gefragten zur Verzweiflung treiben können und oft genug wohl auch getrieben haben. «O Sokrates», klagt eines seiner vielen Opfer halb im Scherz, «bevor ich mit dir zusammengetroffen bin, hatte ich gehört, dass du, selbst ratlos, auch andere in den Zustand der Ratlosigkeit versetzen kannst. Und jetzt bin ich es, den du verhext und verblendet hast, sodass ich selbst nicht mehr aus und ein weiß.» Das bevorzugte Ende des sokratischen Dialogs ist denn auch nicht die Anweisung, der Lehrsatz oder der Befehl, sondern die Aporie: das Eingeständnis, selbst nichts zu wissen – denn das war ja das Einzige, was Sokrates zu wissen glaubte – und deshalb alles Weitere dem Leser überlassen zu wollen. «Selbst denken!» heißt das einzige Dogma, das Sokrates, der sonst nur immer Fragen stellt, verkündet hat. Aber davon wollten schon die Zeitgenossen genauso wenig wissen wie manche Großwissenschaftler heute.

Ansonsten gibt es keine Dogmen. Die sokratische Philosophie ist so demokratisch wie die Verfassung von Athen, offen für jeden, der mitdenken kann und mitreden will. Rede und Antwort stehen; auf die Sache, nicht auf die Person hören; die Dinge prüfen, weil das ungeprüfte Leben nicht lebenswert ist: Das sind die Formeln, die bei Platon ständig wiederkehren, wenn er die Leute zur Philosophie verführen will. Es hat nicht lang gedauert, bis sie auch gegen ihn und seine Philosophie gerichtet worden sind. *Amicus Plato, sed magis amica veritas* – «Platon ist mir teuer, aber nicht teurer als die Wahrheit» – heißt eine Spruchweisheit, die seinem Schüler Aristoteles in den Mund gelegt wird.

Der ständige Einwand, das ewige Weiterfragen wurde zur treibenden Kraft einer Bewegung, die sich nach Platons Tod – er starb um die Mitte des 4. vorchristlichen Jahrhunderts – in vier Richtungen zerlegte: die Akademie, den Peripatos, die Stoa und den Garten des Epikur. Alle diese heftig rivalisierenden Philosophenschulen hatten ihre Namen von dem Ort, an dem sie sich angesiedelt hatten. Die Akademiker hielten es mit Platon, die Peripatetiker mit Aristoteles, die Stoiker mit ihren Schulhäuptern Zenon und Chrysippos, der Garten schwor auf Epikur und lag ein wenig abseits, weil die Epikureer im Unterschied zu den drei anderen nicht die Vernunft als höchstes Gut proklamierten, sondern die Lust, besser gesagt: die Freude; das bloße Wort genügte schon, um alle, die vom Lustprinzip nichts wissen wollten, in Gegnerschaft zu einen. Das ist dem Epikureismus schlecht bekommen. Als sich die Konkurrenz der Philosophen mit der Feindschaft des jungen

Christentums verband, war es um Epikur und seine Anhänger geschehen. Sie galten als die Aussätzigen unter den Philosophen, als Schweine, die am Dreck ihr Vergnügen finden, versessen auf den Kitzel der Lust und unfähig zu jedem tieferen Gedanken.

Das war natürlich eine Persiflage; Polemik macht die Auseinandersetzung eben leichter. Leider hat Epikur selbst ihr Vorschub geleistet, als er das höchste Lebensziel mit dem philosophisch vorbelasteten Begriff der Lust belegte. Nach diesem Ursprungsfehler konnte er noch so oft daran erinnern, dass nicht die Sinnenlust gemeint war, sondern die stille, dauerhafte Freude, die aus der Selbstgenügsamkeit entspringt – es hat ihm alles nichts genutzt. Wer ihn gelesen hatte, wusste das; aber wer tat das schon? «Wenn wir die Lust als höchstes Gut bezeichnen», schreibt Epikur an einen seiner Freunde, «meinen wir nicht die Lust des Wüstlings, der im Genießen aufgeht, sondern das Freisein von körperlichen Beschwerden und von Beklemmungen der Seele.» Angstfreiheit war gemeint, nichts anderes; daher seine Distanz zum herkömmlichen Götterglauben, der in den Menschen ja keineswegs nur Hoffnungen erweckt, sondern auch Angst und Schrecken. Nicht im flüchtigen Vergnügen, der endlosen Kette von sinnlichem Verlangen und sinnlicher Befriedigung, sondern im dauerhaften Seelenfrieden bestand für ihn das höchste Glück, die wahre Lust. Epikur suchte sie dort, wo sie auch andere entdeckt hatten, im geselligen Leben, in der Anschauung der Natur, im Umgang mit den schönen Künsten. In dieser Eigenschaft ist er zum großen Lobredner der Freundschaft geworden. Sie kam seinen Idealen am nächsten, weil sie frei war von dem Gefühlschaos der leidenschaftlichen Liebe.

Erfolgreich sind die Epikureer trotzdem nicht gewesen. Die meisten hielten es nicht mit ihnen, sondern mit den drei anderen Schulen, vor allem der Stoa. In der Praxis empfahlen die Stoiker weitgehend dasselbe wie Epikur, Anspruchslosigkeit also, Gleichmut und einen natürlichen Lebensstil. Nur dass Epikur aus alledem die Folgerung gezogen hatte, sich von der Politik fernzuhalten. Unauffällig leben! hieß eine seiner Maximen, während die Stoiker umgekehrt für die Teilnahme am öffentlichen Leben eintraten, sie geradezu zur Bürgerpflicht erhoben. Das kam den politischen Instinkten der Griechen, mehr aber noch denen der Römer entgegen, und dies Motiv dürfte die Konkurrenz der beiden Schulen letztlich zugunsten der Stoiker entschieden haben. Ihre Lehrsätze erlaubten es einem Römer, das, was er ohnehin gern tat, das öffentliche Wirken, noch lieber zu tun, weil es als philosophischer Imperativ daherkam. Als dann die junge Kirche die stoische Selbstdisziplin als Vorstufe der christlichen Demut entdeckte, hatte die Stoa definitiv gewonnen. Vieles von ihren Ansichten lebt in den christlich inspirierten Tugend-Katalogen des Paulus fort. Was der stoische Wanderprediger Epiktet in seinem Handbüchlein der Moral oder der römische Kaiser Marc Aurel in seinen Selbstbetrachtungen an Grundsätzen über das richtige Leben verkünden, liest sich wie ein verkappter Vorgriff auf die Ordensregeln der Mönche.

Der Durchgang wäre unvollständig ohne die Erwähnung der Sophisten. Bis heute leiden sie darunter, dass Platon ihr erbitterter Feind und gleichzeitig ihr wichtigster Chronist war. Er legte es darauf an, die Sophisten nicht nur als Gegner, sondern als minderwertige Gegner des Sokrates hinzustellen. Ein Blick in die «Wolken», eine Komödie des Aristophanes, genügt jedoch, um stutzig zu werden und sich zu fragen, ob dieses Zerrbild stimmt. Denn Aristophanes stellt Sokrates als einen von denen dar, die laut Platon seine geschworenen Feinde waren, als waschechten Sophisten. Die Rabulistik, die ihm Aristophanes in den Mund legt, ist die des Gorgias, des Hippias, des Prodikos und wie die Sophisten sonst noch hießen. Sie hatten die Redekunst entdeckt, die Macht des sorgsam stilisierten Wortes, und damit in ganz Griechenland Triumphe gefeiert. In ihnen meldet sich zum ersten Mal eine Figur zu Wort, die in der europäischen Öffentlichkeit eine kaum zu überschätzende Rolle spielen sollte, die Figur des Intellektuellen. Ein und dieselbe Sache mal so und mal so darzustellen, das Alte neu und das Neue alt aussehen zu lassen, aus Unrecht Recht zu machen oder umgekehrt, das war etwas für die wortverliebten Griechen. Eine Geschichte über Protagoras, den ältesten von diesen öffentlichen Redelehrern, soll das abschließend illustrieren. Sie macht auf etwas derbe Weise klar, was es mit der Technik von Rede und Gegenrede, der Kunst des *in utramque partem disserere*, auf sich hatte.

Der Sophist hatte einem jungen Mann Unterricht erteilt unter der Bedingung, die eine Hälfte des vereinbarten Honorars sofort zu zahlen, die andere dann, wenn sein Schüler seinen ersten Prozess gewonnen hätte. Als der sich mit der zweiten Rate Zeit ließ, verklagte ihn Protagoras auf Zahlung. Vor Gericht soll er seine Forderung mit dem Hinweis begründet haben, dass sein Gegner so oder so zahlen müsse, gleichgültig, wie das Urteil laute. «Denn wenn du verurteilt wirst, musst du mir das Honorar zahlen, weil ich gewonnen habe. Wenn jedoch zu deinen Gunsten entschieden wird, steht mir das Honorar laut Vertrag zu, weil du einen Prozess gewonnen hast.» Der Gegner hatte gut gelernt, er drehte den Spieß um und antwortete, er müsse und werde in keinem Fall bezahlen. Denn entweder werde das Gericht für ihn entscheiden, dann schulde er laut Urteil nichts. Oder er werde verurteilt, dann brauche er laut Vertrag nichts zu zahlen, da er den Prozess ja verloren habe. Die Entscheidung war schwierig, der Fall blieb offen, er endet wie die meisten Dialoge Platons in der Aporie. Trotzdem enthält er eine Lehre, eine gewichtige sogar. Sie lautet: Fragen sind wichtiger als Antworten. Es sind Fragen, nichts als Fragen, mit denen Sokrates im Dialog «Menon» aus einem Sklaven, einem ungebildeten Menschen, der weder lesen noch schreiben kann, die richtige Antwort auf die Frage hervorlockt, wie sich der Inhalt des Quadrats verdoppeln lässt. Eben nicht, wie der Sklave zunächst vorschlägt, durch die Verdoppelung der Seitenlänge, sondern dadurch, dass man die Diagonale der Ursprungsfigur ins Quadrat setzt. Man muss nur die richtigen Fragen stellen, dann findet man auch die richtigen Antworten, vorausgesetzt, man hat den richtigen Lehrer. Und richtig fragen, das kann man von den Griechen lernen.

Edgar Degas, Junge Spartaner beim Sport. Natürlichkeit setzt sich über die antrainierten Grenzen der Schamhaftigkeit hinweg.

9. KEINE CHANCE DEM VOYEUR: DIE LUST AM KÖRPER

Dass ein Kulturvolk wie die Griechen dem Körper eine so große, fast überschwängliche Aufmerksamkeit gewidmet und einen regelrechten Kult mit ihm betrieben hat, mag auf den ersten Blick überraschen. Zweitausend Jahre Christentum haben uns beigebracht, den einen und den anderen, den Körper und den Geist, als Gegensätze zu behandeln. Nicht so die Griechen. Sie haben den Körper selbst, den lebendigen und den toten, den menschlichen und den göttlichen, den leibhaftigen genauso wie sein Abbild in der Kunst zum Kultobjekt erhoben. Das große Körperfest waren die Olympischen Spiele; nicht sie allein allerdings, denn in Nemea und in Delphi, in Sparta und in Korinth gab es seit jeher ähnliche Veranstaltungen; die Panathenäen, die Wettkämpfe der Stadt Athen und des Landes Attika, gehörten ebenfalls in diese Reihe. Fast eine Woche dauerten die Spiele in Olympia. Zugelassen waren alle, die freie Bürger und Griechen waren; dass auch die Römer teilnehmen durften, war eine Konzession an die Besatzungsmacht der Spätzeit. Der Siegespreis bestand aus einem Zweig vom heiligen Ölbaum sowie dem Recht, im heiligen Bezirk, mitten unter den übrigen Weihgeschenken und Götterstatuen, das eigene Standbild aufzustellen. Diese Statuen zeigten die Athleten so, wie sie zum Wettkampf anzutreten hatten, lebensgroß also und nackt.

Die Olympischen Spiele fanden alle vier Jahre statt und bestimmten die Zeitrechnung der Griechen. Wie vieles, was nicht zum Alltag zählte, gehörten sie der religiösen Sphäre an. Sie waren Gottesdienst, Darbietungen für die Götter, die am Beweis von Körperkraft, Durchhaltevermögen und Geschicklichkeit genauso viel Freude hatten wie die Menschen. Der Körperkult war denn auch keineswegs auf die relativ kurze Zeit der Spiele beschränkt, er fand tagtäglich in den Palästren, den Ringschulen, und den Gymnasien, wortwörtlich «Nacktschulen», statt. Die gab es in allen Städten; besucht wurden sie vom ganzen Volk, sogar von Frauen. Bevorzugte Sportarten waren neben den Ring- und Boxkämpfen das Laufen und das Springen sowie der Mannschaftsport, der allerdings betont spielerischen Charakter gehabt zu haben scheint. Das Ablegen der Kleider war allgemein üblich, ebenso das Ölen und Salben des Körpers und das abschließende Bad. Sich öffentlich nackt zu zeigen war alles andere als ein Atavismus; Thukydides weist ausdrücklich darauf hin, dass dieser Schritt bewusst getan und gegen manche Widerstände durchgesetzt wurde. Begonnen damit hätten die Spartaner, denen das übrige Griechenland erst mit der Zeit gefolgt sei. Ursprünglich seien die Athleten auch in Olympia mit einem Gürtel um die Lenden angetreten, eine Sitte, die erst kürzlich, wie Thukydides gegen Ende des 5. Jahrhunderts bemerkt, endgültig aufgegeben worden sei. Noch heute gebe es, setzt er hinzu, Faust- und Ringkämpfer, die halb bekleidet gegeneinander anträten, «besonders in Kleinasien und unter den Barbaren».

Athlet zu sein verlangte dem Menschen einiges ab; so viel, dass schon bald ein Beruf daraus wurde. Der Berufssportler ist keine Erfindung der Neuzeit, den gab es schon in der Antike. Tägliches Training und strenge Diät waren Pflicht, die Konkurrenz war hart, der Sieg begehrt, nicht nur von den Athleten selbst, sondern auch von ihren Heimatstädten, die sich den Sieg denn auch zugute schrieben und auf ihre Olympioniken genauso stolz waren wie heute die Nationen. Wo der Einsatz so hoch und der Preis so begehrt war, war die Versuchung zur Bestechung groß; sie hatte die Kampfrichter im Blick, von deren Urteil alles abhing, da es exakte Uhren, Aufzeichnungen oder Ähnliches nicht gab. Bestechung scheint denn auch so allgemein verbreitet gewesen zu sein wie heute das Doping – und ebenso schwer zu bekämpfen.

Die Wettkämpfe waren hart, Verletzungen entsprechend häufig, zumal im Allkampf, dem Pankration, bei dem, wie schon der Name sagt, alles erlaubt war, auch Kratzen, Beißen und das Auskugeln der Gelenke. Statt die Wucht des Faustschlags durch gepolsterte Boxhandschuhe abzumildern, war es üblich, die Lederriemen, die sich die Kämpfer um die Hände banden, mit Bleigewichten zu beschweren; mit was für Folgen, lässt das zerschundene Gesicht des Faustkämpfers erkennen, der im Thermenmuseum der Stadt Rom zu besichtigen ist. Das höchste Ansehen, aber auch die größten Gefahren brachte das Wagenrennen mit sich. Wenn vierspännig gefahren wurde, was üblich war, befanden sich bei zwölf Gespannen achtundvierzig Pferde gleichzeitig auf einer ziemlich engen Bahn. Knochenbrüche und Schlimmeres waren fast unvermeidlich, wurden aber hingenommen, weil in dieser Disziplin Aufwand und Kraft, Geschick und Risiko eine für jeden Griechen offenbar unwiderstehliche Mischung eingegangen waren. Worauf es ankam, kann man schon bei Homer nachlesen, wo der alte Nestor einen seiner Söhne folgendermaßen belehrt:

Treib' dein Gespann so nah ans Ziel, dass du eben es
*   streifest,*
Selbst aber lehne dich über den festgeflochtenen Kutschsitz
Leicht zur Linken hinaus und treibe mit Geißel und Zuruf
Rechts das Pferd und lass mit den Händen die Zügel ihm
*   fahren.*
Aber das linke Pferd soll dicht an die Säule sich drängen,
Sodass die Nabe des wohlgefertigten Rades die Fläche
Fast schon berührt; doch gegen den Stein vermeide zu
*   prallen,*
Dass du die Rosse dir nicht verletzt und den Wagen
*   zerschmetterst;*
Wohl zum Triumphe der andern, allein dir selber zum
*   Schaden*
Wird das geschehen; drum fahre besonnen, mein Freund,
*   und behutsam.*

Es ist nicht leicht zu sagen, wie weit der Körperkult der Griechen die Liebe zur Sexualität einschloss. Gemessen an der Elle einer christlichen, fast durchweg leib- und lustfeindlichen Erziehung muss man wohl sagen: in einem unerhörten Ausmaß. Von dem, was in den Ringschulen üblich war, geben die literarischen Zeugnisse, mehr aber noch die Vasenbilder eine ziemlich deutliche Vorstellung. Viele von ihnen lassen kaum einen Zweifel, mit welchen Erwartungen die älteren Männer ihren jüngeren Lieblingen beim Training zuschauten, sich mit ihnen maßen, sie anwiesen und anspornten und mit allerlei Geschenken für sich einzunehmen suchten. Nur dass das Schlüpfrige und Schmierige, das bei der Darstellung ähnlicher Szenen aus späterer Zeit bewusst oder unwillkürlich ins Spiel zu kommen pflegt, durchweg fehlt. Die entwaffnende Offenheit, mit der das für die Griechen so wichtige Thema der Homosexualität behandelt und dargestellt wird, lässt das Gefühl des Peinlichen, Verdrucksten und Verklemmten gar nicht erst aufkommen. *Naturalia non sunt turpia* – «Natürliches ist nicht peinlich» – hieß der antike Grundsatz, der dem Voyeur keine Chance gab. Er galt natürlich auch für Frauen, denn nicht alle von ihnen, sondern nur die verheirateten waren vom Besuch der Spiele ausgeschlossen; unverheiratete waren im Publikum ausdrücklich zugelassen. So wie die Männer sich am Anblick eines schönen Knaben, sollten die Frauen sich an dem eines wohlgebauten Mannes erfreuen dürfen. *In sexualibus* hielten die Griechen auf Gleichberechtigung, vorausgesetzt, die Ehe geriet dabei nicht in Gefahr.

Besonders weit gingen die Spartaner, die ihren Frauen ja auch sonst erhebliche Freiheiten ließen. Dass sie Jungen und Mädchen zu gegebener Zeit in einen dunklen Raum sperrten, in dem sich dann jeder Jüngling irgendeine Jungfrau griff und als Braut nach Hause schleppte, ist ein Märchen der Spätzeit, zudem auch noch ein ziemlich albernes. Dass die Spartaner aber alles unternahmen, um Mädchen nach denselben oder doch ähnlichen Grundsätzen zu erziehen wie die Jungen, ist gut bezeugt. Athenaios, ein Schriftsteller aus später Zeit und als Gewährsmann nicht unbedingt verlässlich, verdient wohl Glauben, wenn er die Spartaner für die Sitte lobt, «ihre Jungfrauen vor Fremden zu entblößen». In anderen griechischen Stadtstaaten, zumal auf den Inseln, scheint Ähnliches üblich gewesen zu sein. Entscheidend für das Maß an Freiheit, das man in den Beziehungen zwischen den Geschlechtern zuließ, war offenbar der Wunsch nach echtbürtigen Kindern. Der schloss die Libertinage für Ehefrauen aus, denn das Bürgerrecht vererbte sich über beide Eltern, die Frau also auch. Deswegen wurde der Unterschied zwischen Verheiratet und Unverheiratet schärfer betont und genauer beachtet als der zwischen Mann und Frau oder Junge und Mädchen.

Unverheiratet waren natürlich auch die Hetären, die freizügigen, wohlhabenden, erfahrenen, oft auch noch hochgebildeten Begleiterinnen (das meint das Wort) der Männer. Einige von ihnen haben es weit gebracht und werden bis in die späteste Zeit ihrer Schönheit und ihrer Bildung wegen gerühmt. Für alle diese Frauen mag der Name Phryne stehen, neben Aspasia, der Begleiterin des Perikles, die sicherlich berühmteste Hetäre des Altertums. Kaum noch zu zählen sind die Anekdoten, die über sie in Umlauf waren. Hypereides, einer der gefeiertsten Redner seiner Zeit, soll sie in irgendeinem Prozess verteidigt und ihr, als er mit seinen Worten nicht mehr weiterkam und sich die Waage der Justitia zu Lasten seiner Mandantin zu senken schien, kurz entschlossen das Gewand vom Leibe gerissen haben. Von dem, was sie da sahen, waren die Richter so beeindruckt, dass sie Phryne freisprachen. Dem Maler Apelles soll sie Modell gestanden, den Bildhauer Praxiteles zu einer Statue inspiriert haben, die als Aphrodite von Knidos noch heute zu sehen ist. Den Höhepunkt bildet die Geschichte, nach der sich Phryne erboten haben soll, das von Philipp, dem Vater Alexanders des Großen, kriegszerstörte Theben auf eigene Kosten wieder aufzubauen – unter der Bedingung allerdings, dass das Stadttor mit der Inschrift versehen würde: «Philipp hat diese Stadt zerstört, Phryne hat sie wieder aufgebaut.» Glauben muss man das nicht; es lässt aber Rückschlüsse auf das beträchtliche Vermögen zu, das eine Frau mit ihren Gaben in diesem Gewerbe zusammenbringen konnte.

In seiner Rede gegen Neaira, eine Frau von nicht ganz tadellosem Ruf, macht Demosthenes die viel zitierte Bemerkung, Hetären hielten sich die Athener zu ihrem Vergnügen, Konkubinen zum Zwecke der Triebabfuhr und Ehefrauen zur Erzeugung von rechtmäßigem Nachwuchs. Die Stelle wird immer wieder herangezogen, ist aber nicht so aufschlussreich wie oft behauptet, da sie Teil einer Gerichtsrede ist, in der alle, auch noch so zweifelhafte Argumente zählten. In diesem Falle kam es darauf an, den Ruf der Neaira als Ehefrau und Mutter zu beeinträchtigen. Es ging ums Bürgerrecht für ihre Kinder, das zu bestreiten oder zu bezweifeln dem Redner jedes Mittel recht war. Er stellt Neaira als Hetäre dar, was zwar nicht ehrenrührig war, zur Mutterrolle aber nicht gut passte.

Wo sich die Griechen über die Hetären äußern, sind ihre

Worte frei von Spuren der Herablassung oder der Verachtung. Was völlig fehlt, sind Zeichen für die Lust an sexueller Gewalt; selbst Archilochos, der in Liebesdingen gern einen rüden Ton anschlägt, macht da keine Ausnahme. Zu den Großtaten, die ausgerechnet Solon, dem Gesetzgeber Athens, nachgesagt werden, soll unter anderen die Einrichtung von Bordellen gehört haben:

> Du warst es, der von allen Sterblichen zuerst
> Dies wahrhaft nützlich und soziale Werk getan.
> Du sahst die ganze Stadt erfüllt von Jugendkraft,
> Du sahst der jungen Männer kraftgeschwollnen Trieb.
> Damit nun dieser Manneskräfte Überschuss
> Gefahr nicht bringe rechtlich ehelichem Bett,
> Erschufst du Freudenhäuser, wo nun jedermann
> Ein Mädchen findet, opferwillig und bereit.
> Gesetzt, dir raubt der geile Trieb die Seelenruh:
> Zehn Pfennig Eintritt, drin gibt's keine Ziererei,
> Nein, keine wagt zu sagen, dass sie dich nicht mag,
> Und jede macht dir's, die du willst, und wie du's willst.

Das ist Komödienton, doch eben deshalb wohl auch Volkes Stimme; sie findet nichts dabei, dem großen Staatsmann auch für so etwas zu danken. Schließlich ist auch die käufliche Liebe ein Werk der Aphrodite, auch Prostituierte stehen unter ihrem Schutz und verdienen alles Mögliche, nur keine moralisch begründeten Vorhaltungen. Neben der himmlischen gibt es nun einmal auch die irdische, die gewöhnliche und gemeine Liebe, neben der *urania*, wie sie auf Griechisch heißt, steht die Aphrodite *pandemos*: nicht so schön und nicht so vornehm wie ihre himmlische Schwester, aber göttlichen Ursprungs wie alles, was den Griechen in der Natur begegnete. Ihre Priesterinnen, die Tempelprostituierten, versahen ein Amt und konnten dafür auf Dankbarkeit und Anerkennung rechnen. Pindar, der Meister des hohen Tons, hat sie mit folgenden Versen besungen:

Gastfreie Mädchen, Dienerinnen
Der Liebe im reichen Korinth,
Die ihr des lichten Weihrauchs blonde Tränen
Opfert, oftmals der Mutter der Eroten,
Der himmlischen, zufliegen lasset
Euer Gedenken, zu Aphrodite –
Euch, meine Kinder, hat sie gewährt,
Frei von Vorwurf auf lieblichem Lager
Zärtlicher Jugend Früchte zu pflücken:
Alles ist gut, was die Liebe verlangt.

Wie man sieht, gingen die Griechen in Dingen der Sexualität mit der Moral überaus sparsam um. Das gilt selbst für die allermeisten Philosophen, die sonst so wortreich für die Tugend werben. Moralisch äußert sich der Philosoph Diogenes, als Kyniker ein Muster an Enthaltsamkeit, wenn er dem Aristipp, einem Anwalt des Hedonismus, wegen seines Umgangs mit der Hetäre Lais, einer in Korinth stadtbekannten Schönheit, Vorhaltungen macht. Aristipp soll ihn daraufhin gefragt haben, ob er es denn ablehne, in einem Haus zu wohnen, in dem schon andere gelebt hätten, oder ein Schiff zu besteigen, auf dem schon andere gefahren wären. Als Diogenes das verneinte, habe ihm Aristipp erklärt: Dann sei auch nichts dagegen einzuwenden, wenn er mit einer Frau zusammen sei, die auch schon andere genossen hätten. Liebe war eine Himmelsmacht, ein Naturereignis, das wie alle Dinge dieser Art Verehrung forderte, die man am besten dadurch bewies, dass man tat, was sie verlangte.

> *Sage mir, Muse, die Werke der goldenen Aphrodite,*
> *Herrin auf Kypros. Süßes Verlangen erweckt sie den*
>   *Göttern,*
> *Schwingt sich zur Herrin auf über die Menschen, die*
>   *Scharen der Tiere.*
> *Hoch in den Lüften den Vögeln gebietet sie, allen*
>   *zusammen,*
> *Mag sie das Festland und mag sie das Wasser auch zahllos*
>   *ernähren:*
> *Jedes buhlt um die Gnade der schön bekränzten Kythera*

heißt es in dem Gebet an Aphrodite, das in der Sammlung der Homerischen Hymnen überliefert ist. Aphrodite ist nicht nur älter als die übrigen olympischen Götter, sie ist auf ihre Art auch mächtiger als sie und hat wenig Mühe, selbst Zeus, den Göttervater, unter ihr Joch zu zwingen. Daher die Bitte des Euripides und aller anderen, sie möge sich freundlich gegen sie erweisen und keine Gewalt anwenden:

Was hilft es, dass in Olympia,
Was hilft's, dass im delphischen Tempel
Die Griechen der Rinder Blut vergießen,
Indes der Menschheit König,
Der Aphrodite Kammerherr, Eros,
Der das Haus mit Verwüstung bedroht und mit ewigem
Schrecken,
Ungeehrt bleibt?

Nimmt man zusammen, was literarisch und bildlich überliefert ist, dürfte keine andere Kultur, zumindest keine europäische, die Erotik mit so viel Emphase verherrlicht haben
wie die griechische. Die Vasenmaler gefallen sich darin, ihre
Lieblinge vor der Öffentlichkeit als «schön» auszurufen,
und manche der beigefügten Bilder verraten in aller Dras-
tik, woran sie dabei dachten. In solchen Darstellungen zeigt
sich die eine Spielart der gleichgeschlechtlichen Liebe, die
Päderastie; für die andere steht Sappho aus Lesbos, die dieser
Variante ihren bis heute gültigen Namen gegeben hat. Die
offenen Worte, mit denen sie sich zu ihrer Leidenschaft für
junge Mädchen bekannte, hat sie in späteren (und prüderen)
Zeiten mit allerlei Vorwürfen bezahlen müssen. Bis zum Erscheinen eines Buches mit dem sprechenden Titel «Sappho,
von einem herrschenden Vorurteil befreit» stand sie in dem
Ruf, widernatürlichen Wünschen das Wort zu reden. Nachdem sie den inzwischen losgeworden ist, muss sie heute der
militanten Lesbenszene als Schutzpatronin dienen; vom un-
verkrampften Verhältnis zur Sexualität, das die Griechen

gekannt, gepflegt und genossen haben, ist das genauso weit entfernt wie die Prüderie von damals.

Der jähe Wechsel der Gefühle, der Widerspruch zwischen sinnlichem Glück und sinnloser Angst, das Schwanken zwischen himmelhoch jauchzend und zu Tode betrübt hat die Griechen fasziniert. Wo in der Literatur von Liebe gesprochen wird, wird dieser Gegensatz zum Thema. Die erotische Leidenschaft kann den Menschen zum Halbgott erhöhen und zum Halbtier erniedrigen: für das eine mag Platon stehen mit seinem sublimierten, «platonischen» Eros, für das andere steht die Komödie mit ihrer prallen Sexualität. Die dunkle Seite verkörpern die Satyrn, geile Mischwesen mit Knollennase und Eselsohren, Pferdeschwanz und ständig erigiertem Glied, die helle vertritt Zeus selbst, der die Kämpfe von Troja vergisst, als ihm Hera in einem Aufputz entgegentritt, den sie sich vorher bei Aphrodite besorgt hatte. Er besteht aus einem Gürtel, in den die Geheimnisse der Liebe eingewebt sind, «Begierden und Küsse, betörendes Liebesgeflüster»; und er tut Wirkung. Als Zeus und Hera sich auf dem Gipfel des Berges Ida niederlassen, reagiert die gesamte Natur:

Unten erblühte die heilige Erde von sprossenden Gräsern,
Tauigem Lotosklee und Hyazinthen und Krokos,
Dicht und üppig und weich, die über den Boden sie hoben.
Beide lagerten dort und deckten sich zu mit den schönen
Goldenen Wolken; es fielen herab die Tropfen des Taues.

Man kann sich dieser Welt historisch, archäologisch und philologisch nähern; lebendig machen kann man sie nicht mehr. Der Zugang ist verstellt durch zwei Jahrtausende Christentum und das, was ihm an Widerspruch und Rebellion entgegengeschlagen ist. Beides, des Paulus Lob auf die Enthaltsamkeit und der Radau, mit dem die Wortführer der sexuellen Befreiung mit dieser Tradition aufräumen wollen, ist von den Worten und Bildern, mit denen die Griechen die Liebe beschrieben haben, himmelweit entfernt.

10. NATURHERRSCHAFT: HERRSCHAFT DER NATUR ODER ÜBER DIE NATUR?

Die antike, zumal die griechische Literatur ist voll von märchenhaften Berichten über das Wirken und Walten der Natur. Bis in die späteste Zeit findet sich die Behauptung, dass die Katze durch den Mund gebiert; dass Bienen aus einem verwesenden Rind entstehen; dass die Bärin statt kleiner Bärchen Klumpen von rohem Fleisch zur Welt bringt, denen sie erst nachträglich, durch kräftiges Belecken, die bärenartige Gestalt verleiht. Man hat aus der Hartnäckigkeit, mit der solche Topoi weitergetragen und ständig wiederholt wurden, auf die Unfähigkeit zur Beobachtung, ja auf ein Desinteresse an der Natur geschlossen; mit Sicherheit jedoch zu Unrecht. Denn was sich in solchen und ähnlichen Geschichten verrät, ist die antike Lust am Fabulieren.

Die Tiergeschichte war die Fabel, gehörte also ins Reich der Poesie, die mehr Freiheiten erlaubte als der sachliche Bericht. Sie stellte die Welt unter moralischen, didaktischen oder sonstigen Gesichtspunkten dar, nicht so, wie sie tatsächlich war. Was zählte, war der Lehrgehalt, der literarische und philosophische Mehrwert der Erzählung. Dass Blut nicht giftig ist, wussten auch die Griechen; weshalb sie Sokrates, nachdem sie ihn zum Tode verurteilt hatten, kein Stierblut zu trinken gaben, sondern Schierling. Ein Kriegsheld wie Themistokles durfte so jedoch nicht enden, das widersprach dem Stilgefühl der Griechen. Daher die Legende, er habe sich in aussichtsloser Lage «mit Rücksicht auf seine Taten und seine Siege entschlossen, dieselbe Größe, die er im Leben bewiesen hatte, auch im Tod zu bewahren. Er brachte den Göttern ein Opfer dar, rief seine Freunde zusammen, gab jedem zum Abschied die Hand und trank Stierblut. So lautet», heißt es bei Plutarch, «die allgemeine Überlieferung. Nur wenige Autoren behaupten, er habe ein schnell wirkendes Gift genommen.» Das Bedürfnis, den Stil zu wahren, war stärker als der Wunsch zu wissen, wie es tatsächlich war oder gewesen sein könnte.

Wer das berücksichtigt, wird Aussagen über die Natur dort suchen, wo sie hingehören, nicht in der Dichtung also, sondern in der Naturphilosophie. Und da wird er auch fündig. Seit Thales, dem ersten von ihnen, haben die ionischen Naturphilosophen eben nicht nur spekuliert, sondern auch beobachtet, gesammelt, verglichen und gefolgert. An Land gefundene Versteinerungen von Meerestieren waren für sie Indizien dafür, dass sich die Grenze zwischen Land und Meer im Laufe der Jahrtausende verschoben haben musste. Für Thales war das Anlass zur Vermutung, dass alles Leben aus dem Wasser entstanden sei und der Mensch seine entfernten Vorfahren unter den Fischen zu suchen habe. In diesen Dingen waren und dachten die Griechen ausgesprochen modern. Fast zweitausend Jahre vor der kopernikanischen Wende haben ihre Astronomen das geozentrische durch das heliozentrische Weltsystem ersetzt. Der Mathematiker und Kriegsingenieur Archimedes bestimmte den Auftrieb eines festen Körpers an Hand der Menge des von ihm verdrängten Wassers, eine Entdeckung, über die er so froh gewesen sein soll, dass er mit dem Ruf *Heureka!* – «Ich hab's!» – durch die Straßen von Syrakus gelaufen sei.

Bis zum Anbruch der Neuzeit blieb das Corpus der hippokratischen Schriften die maßgebliche Sammlung medizinischer Texte, maßgeblich durch präzise Beobachtung und nüchterne Analyse. Hippokrates und seine Adepten beschrieben die Symptome und den Verlauf der verschiedensten Krankheiten, um aus der Summe ihrer Beobachtungen rückzuschließen auf innere Dispositionen und äußere Ursachen; sie gingen ganz bewusst empirisch vor. Wo sie, um dem Zusammenspiel von Klima, Veranlagung und Lebensweise auf die Spur zu kommen, die Rahmenbedingungen bewusst arrangierten und veränderten, kann man sogar von einer Frühform des modernen Experiments sprechen. Auf jeden Fall blieb der Weg, auf dem sie von sichtbaren Phänomenen auf verborgene Ursachen schlossen, vorbildlich für die Entwicklung der Medizin als Wissenschaft. Nicht zufällig gilt der hippokratische Eid, die Summe ihrer ethischen Grundsätze, bis heute.

Gerade dieser Text macht aber auch den weiten Abstand deutlich, durch den die moderne Naturwissenschaft von ihren antiken Vorläufern getrennt ist. Auch wenn der Eid immer noch von allen Ärzten nachgesprochen wird – die moderne Hochleistungsmedizin, die das Risiko eher sucht als meidet, hat mit Hippokrates und seinen Jüngern nicht mehr viel zu tun. Für die stand nämlich nicht das Experiment, sondern der Patient im Vordergrund. «Zunächst einmal: Nicht schaden!» – *Primum nil nocere* – hieß der maßgebliche Grundsatz: fast

schon das Gegenteil von der Behandlungs- und Eingriffs-
wut, mit der die heutige Medizin ans Werk zu gehen pflegt.
Medicus curat, natura sanat – «Der Arzt hilft, die Natur heilt»
– hieß eine andere Maxime, mit der die Zurückhaltung, die
Schonung, der Verzicht höher bewertet wurde als der Eingriff
um jeden Preis. Die Natur, hier die Natur des Menschen, war
eben mehr als ein Objekt der Neugier, ein Gegenstand der Ver-
änderung oder eine leicht erschließbare Einkommensquelle;
sie war vor allem Maßstab des Handelns und seines Gegen-
teils, des Unterlassens. Das war die gemeingriechische Auffassung, an die sich auch Hippokrates und seine Nachfolger
gehalten haben.

Die Natur, verstanden als die Summe dessen, was gewachsen,
nicht gemacht war, galt als die große Lehrerin, deren Gebote
und Empfehlungen zu beachten ein Akt der Klugheit war; im
Zweifel war sie ja doch stärker als der Mensch. Ihr Überge-
wicht ist erst in jüngster Zeit ins Kippen geraten, zum Nachteil für beide Seiten, für die Natur und für den Menschen.
Weil das zu ihrer Zeit noch anders war, blieben die Griechen
wie jedes Naturvolk darauf angewiesen, sich zu ihrer Um-
welt in ein erträgliches Verhältnis zu setzen. Mit was man zu
rechnen hatte, wenn das unterblieb, dafür gab es das Beispiel
des großen Dulders Odysseus. Er hatte Poseidon, den Gott
des Meeres, beleidigt und war von ihm dafür mit einer zehn
Jahre dauernden Irrfahrt bestraft worden. Die Natur wollte verehrt, zumindest respektiert werden; bewahrt werden
musste sie nicht, weil sie ja ohnehin die stärkere war. Natur-
schutz ist eine moderne Idee, eine Antwort auf die Sünden,

die man sich gegen sie herausgenommen, und eine Reaktion auf die Verluste, die man sich dabei eingehandelt hat. Die Antike konnte auf ihn verzichten, weil sie von einer aggressiven Wissenschaft, die in der Natur den Gegner erkennt, den zu unterwerfen das Recht und die Pflicht des Menschen ist, noch nichts wusste. Den Ingenieur, der die Natur «in Wert setzen» will, hätte sie ausgelacht oder als Gotteslästerer vor Gericht gestellt. Natur war überall, im Übermaß sogar, und man war gut beraten, wenn man sich nach ihren Vorgaben richtete.

Im Blick auf die Natur versprachen sich die Griechen nicht nur Aufschluss über das, was war, sondern auch Hinweise darauf, wie es sein sollte. Was in der modernen Naturwissenschaft als naturalistischer Fehlschluss verpönt ist, der Schluss vom Sein aufs Sollen, verstand sich für die Antike von selbst. Das von Aristoteles geprägte Schlüsselwort heißt Entelechie; gemeint ist die Gewissheit, dass jedes Lebewesen, also nicht nur der Mensch, sondern auch jedes Tier und jede Pflanze, das Ziel seiner Entwicklung in sich trägt. Natur, sagt Aristoteles, ist derjenige Zustand, der sich von selbst einstellt, wenn das Wachstum abgeschlossen ist. Mit dieser Selbstzweckhaftigkeit konnte und wollte die moderne Naturwissenschaft nichts anfangen, nur Weniges hat ihren Widerstand so stark hervorgerufen wie die Vorstellung der aristotelischen Entelechie. Francis Bacon, der Prophet der neuzeitlichen, auf Anwendung, Gebrauch und Nutzbarmachung versessenen Naturwissenschaft, hat den Begriff sinnlos genannt, «unfruchtbar wie eine gottgeweihte Jungfrau.» Damit hat er ganz Recht, denn wenn ein Gegenstand seine Bestimmung in sich trägt, bleibt für die Absicht, ihn in den Dienst des Menschen zu nehmen, ihn zu verändern oder zu veredeln, nicht viel Raum. Der Eingriff von außen ist dann nicht nur überflüssig, sondern auch verboten: Pflanzen und Tiere bleiben so, wie sie die Natur geschaffen hat, verschont vom Eingriff der roten oder grünen Gentechnik. Bacon und seine Mitstreiter sahen das anders, sie träumten von einer zweiten Schöpfung, vom Umbau und der Verbesserung der Natur, und haben sich deshalb bewusst vom griechischen Naturbegriff verabschiedet.

Die heutige Physik hat von der Physis, dem griechischen Wort für Natur, zwar den Namen geerbt, mehr aber auch nicht. Dem, was die Griechen unter Natur verstanden, steht sie fremd und feindlich gegenüber. Das Ursprungswort meint ja gerade nicht das Einspannen der Objekte in den Schraubstock der anwendungsbezogenen Erkenntnis, sondern das Wachsen und Wachsenlassen nach eigenen Gesetzen. Unter der Physis verstanden die Griechen weder einen sagenhaften Urzustand, über den sie glücklicherweise hinaus waren, noch einen fernen Endzustand, auf den die Entwicklung hinauslief, sondern die Gegenwart. Statt wie Hobbes die Natur überwinden oder wie Rousseau zu ihr zurückzuwollen, wollten sie sich im Einklang mit ihr befinden. In Übereinstimmung mit der Natur zu leben war das erklärte Ziel, über das sich sämtliche Philosophenschulen einig waren; nur so konnte man glücklich werden. Was die Stoiker Einklang nannten, hieß bei den Epikureern Autarkie, bei den Aristotelikern Entelechie und bei den Platonikern Selbsterkenntnis. In der Praxis liefen

alle vier Begriffe auf etwas Ähnliches hinaus, auf eine maßvolle, anspruchslose, selbstgenügsame Lebensweise. Dieses
Vermächtnis der griechischen Philosophie fasst der römische
Dichter Lukrez auf seine Art zusammen, wenn er die Menschen beschwört, doch endlich einzusehen,

> *Dass die Natur nichts anderes fordert, als dass der Mensch
> sich*
> *Ohne Schmerzen des Körpers in seinem Inneren erfreue*
> *Eines fröhlichen Sinns, von Sorge frei und von Ängsten.*

Aufs Leben angewandt, hieß das zunächst einmal: beschei-
den sein. Die Griechen haben sich daran gehalten – nicht
nur, weil sie nicht anders konnten, sondern weil sie es anders
gar nicht wollten. Nach seinem Sieg über die Perser in der
Schlacht von Plataiai soll Pausanias, der König der Spartaner
und Feldherr der Griechen, von den gefangenen Köchen und
Mundschenken des persischen Generals Mardonios verlangt
haben, ein Essen in heimischem Stil vorzubereiten. Daneben
ließ er eine griechische Mahlzeit herrichten, rief seine Verbündeten zusammen und erklärte ihnen, hier sähen sie den
Beweis für die Unvernunft der Barbaren: Um ein Volk zu unterwerfen, das so kläglich lebte wie sie, und ihnen das biss-
chen, was sie hatten, zu rauben, hätten diese törichten Perser
Krieg geführt. Die Griechen liebten es einfach, das «attische
Gelage» war sprichwörtlich als Euphemismus für eine knap-
pe Mahlzeit. In Sparta ging es noch frugaler zu, spartanisch
eben. Das Essen dort war derart karg, dass ein verwöhnter

Gast nach einer gemeinsamen Mahlzeit bemerkt haben soll, jetzt verstehe er, warum Sparta die tapfersten Krieger hervorbrächte: Jeder vernünftige Mensch würde lieber sterben als sich so jämmerlich ernähren.

Physis bedeutete beides, die Schöpfung und das Geschöpf, das durch die Erinnerung an seine Herkunft und durch den Hinweis auf seine natürliche Bestimmung zur Ruhe kommen sollte. So wenig wie das All, der Kosmos, war die Natur nach griechischen Begriffen ethisch oder ästhetisch neutral; sie stand für die richtige, die gute und die schöne Ordnung der Dinge. Ein Besuch in Sunion oder in Bassai, in Olympia oder in Delphi kann heute noch eine Ahnung davon vermitteln, was es bedeutet, die Natur nicht wissenschaftlich zu betrachten, sondern als ein ästhetisches Phänomen wahrzunehmen. Auch ohne an die Götter und Heroen zu glauben, die dort verehrt worden sind, erhält der heutige Besucher eine Vorstellung vom *genius loci*, dem Zauber des Ortes. Er spricht auch aus den letzten Worten, die Sophokles seinem Helden Aias in den Mund legt, als der sich auf den Selbstmord vorbereitet. Aias ist aus seinem Wahn erwacht und merkt, dass er statt der ihm tief verhassten Feldherren Agamemnon, Menelaos und Odysseus eine Schafherde abgeschlachtet hat. Um der Beschämung zu entkommen, ist er entschlossen, sich das Leben zu nehmen. In dieser Lage richtet er seine Worte nicht an die Eltern, nicht an Tekmessa, seine Frau, und auch nicht an Eurysakes, seinen minderjährigen Sohn, sondern an die Plätze, an denen sich sein Leben abgespielt hat:

O Licht! O heilige Flur von Salamis,
Du meines Vaterlandes alter Sitz,
Athen in deinem Ruhm, befreundet Volk,
Ihr Quellen, Flüsse, troischen Gefilde,
Die mich genährt: Ich grüße Euch, lebt wohl!
Dies ruft euch Aias zu als letztes Wort.
Der Rest gehört den Toten in der Tiefe.

Naturbegeisterung ist ein modernes Phänomen. Die Griechen hatten sie nicht nötig, Natur war ja nicht knapp und schutzbedürftig, sie war im Überfluss vorhanden. Wie Sokrates waren sie Stadtmenschen, die mit Wiesen und Weiden nichts anfangen konnten, weil sie ihnen nichts zu sagen hatten über die beste Art, sein Leben zu verbringen. Wenn es sich dann aber doch einmal so fügt, dass Sokrates die Stadt verlässt, versteht er auch die Blumen und die Bäume. Nachdem er zusammen mit seinem Freund Phaidros ein Stück weit dem kleinen Fluss Ilissos gefolgt ist, entdeckt er einen schönen Platz und macht dort Halt. Er lobt die schön gewachsene Platane und das dichte Gesträuch, «das gerade jetzt in voller Blüte steht und den Ort mit seinem süßen Duft erfüllt. Zudem fließt unter der Platane eine Quelle, die frisches Wasser gibt, wie man mit der Spitze des Fußes bemerken kann. Nach den Statuen zu schließen, scheint auch ein Heiligtum der Nymphen und des (Flussgottes) Archeloos in der Nähe zu liegen». Besonders erfreut zeigt sich Sokrates über die leichte Bewegung der Luft, «deren sommerlicher Hauch sich mit dem Chor der Zikaden mischt. Das Allerbeste aber ist der Rasen: sanft geneigt, bietet

er demjenigen, der sich hier niederlässt, ein weiches Ruhe-
kissen für das Haupt. Gut hast du mich hierher geführt, mein
lieber Phaidros!»

Ähnliches findet sich in der Dichtung, vor allem in der Liebes-
lyrik. Was wären diese Gedichte ohne die Veilchenkränze,
die Ginsterzweige, die blutenden Hyazinthen und die tränen-
den Herzen, die überall begegnen, wo Sappho von der Liebe
spricht? Ohne die Nachtigallen, die singenden Schwäne und
die Sperlinge, die heiligen Vögel der Aphrodite, die ihren
Wagen begleiten, wenn sie von Paphos, ihrer Heimat, nach
Lesbos kommt, um der verliebten Sappho Mut zu machen
in irgendeiner aussichtslosen Sache? Wo sich in jeder Quelle
eine Nymphe, hinter jedem Baum eine Dryade und unter jeder
Welle eine Nereide verbarg, musste man der Natur dasselbe
Maß an Verehrung zuteil werden lassen wie den olympischen
Göttern.

Von dieser Haltung ist nicht mehr viel übrig, ein paar Jahrhunderte Naturforschung und Naturausbeutung haben ihr den
Garaus gemacht. Der Schöpfergott der Juden und der Christen
war kein Bestandteil der Natur, er stand ihr als ihr Herr und
Meister gegenüber, und diese Haltung hat sich auf sein vor-
nehmstes Geschöpf, den Menschen, übertragen. Nicht verehren sollte er die Natur, sondern beherrschen, sich die Erde
untertan machen, wie es in der Genesis heißt; und das hat er ja
auch getan, und wie! Da der Auftrag an keine Konfession und
keine Überzeugung gebunden war, wird er von den Glaubens-
fernen oder Glaubenslosen unserer Zeit mit demselben Eifer,
nein: noch viel eifriger ausgeführt als von den kirchenfrom-

men Christen der frühen Neuzeit. Je länger das so geht, desto gründlicher greift der Verdacht um sich, dass die Natur nichts Ewiges, sondern verletzlich und vergänglich ist und deshalb der bewussten Schonung bedarf.

Die Griechen scheinen das geahnt und diese Ahnung zu der rätselhaften Geschichte des Thamos verarbeitet zu haben; wie vieles findet sie sich bei Plutarch. Nach ihm war dieser Thamos ein ägyptischer Matrose, der mit seinem Schiff nach Italien unterwegs war. Als er an der Insel Paxos vorbeikam, legte sich der Wind, und das Schiff kam zum Stehen. In die lastende Stille hinein habe sich eine Stimme vernehmen lassen, die zweimal seinen Namen gerufen und ihm beim dritten Mal den Auftrag gegeben habe, wenn er nach Palodes komme, dort zu verkünden, der große Pan sei tot. Bei diesen Worten sei die ganze Schiffsbesatzung starr vor Schreck geworden. Thamos aber habe getan, wie ihm aufgetragen worden war, und auf der Höhe von Palodes die Kunde vom Tode des großen Pan verbreitet. Daraufhin habe sich ein allgemeines Stöhnen erhoben, ein Jammern und Wehklagen, «nicht etwa von einem, sondern von vielen Wesen», wie Plutarch vermerkt. Die Natur selbst schien zu trauern, weil mit Pan, dessen Name so viel wie «All» oder «Alles» bedeutet, ihr Ebenbild gestorben war. Unter den griechischen Göttern war Pan der Gott der Natur. Er scheint der einzige Gott gewesen zu sein, der sterblich war.

Der Tempel des Poseidon auf Kap Sunion. Erst die Natur
verhilft der Baukunst zur vollen Geltung.

Athena und Marsyas. Die Göttin hat die Flöte fortgeworfen, der Satyr will sie aufheben und spielen.

11. DAS ENDE DES MYTHOS:
WAS VERLOREN GING

Da auf den fragmentarischen Charakter dessen, was aus der griechischen Antike auf uns gekommen ist, schon so oft verwiesen wurde, könnte ein eigenes Kapitel über dieses Thema überflüssig erscheinen. Das ist es allerdings schon deshalb nicht, weil der Verlust in einigen Bereichen so gründlich ausgefallen ist, dass der Scharfsinn der Philologen, der Fleiß der Historiker und die Phantasie der Archäologen zu spät kommen; jede Rekonstruktion ist aussichtslos. Statuen lassen sich ergänzen, Tempel wieder aufbauen, Papyrusreste lesbar machen; wie die griechische Musik geklungen hat, weiß man dagegen nicht, wird man auch niemals wissen können. Man kennt die ganz erhebliche Bedeutung, die ihr nicht nur im Festkalender der Griechen, sondern auch im Alltag, bei Umzügen und Trinkgelagen, zukam; viel weiter kommt man aber nicht. Über den Klang der Instrumente, über Melodien, Tonarten und Rhythmen sind wir auf Mutmaßungen angewiesen. Natürlich gab es so etwas wie Notenschrift, von ihr sind sogar ein paar Proben überliefert, doch ist mit diesen Resten nicht viel anzufangen. Ein wesentliches Element der griechischen Kultur ist definitiv verloren, was angesichts der Zeugnisse, die von der Allgegenwart der Musik im öffentlichen Leben berichten, zu dem Eingeständnis zwingt, dass wir gar nicht anders können, als uns von der Kultur dieses Volkes nicht nur unzureichende, sondern auch falsche Vorstellungen zu bilden.

Von der Lyrik ist wenig, vom Schauspiel sehr viel mehr, von den Preisliedern des Pindar sogar Beträchtliches erhalten. Wie alles das bei der Aufführung geklungen oder auf der Bühne ausgesehen hat, ist aber kaum noch zu erraten. Da sich Tragödie und Komödie nach allem, was man weiß, aus dem Chorgesang entwickelt haben und zeit ihrer Existenz eng mit Musik und Tanz verbunden blieben, ist das ein gewaltiger Verlust. Wenn die fünfzig bis sechzig Tänzer, aus denen solche Chöre bestanden, die kreisrunde Bühne betraten, sah das wohl etwas anders aus als ein Theater oder ein Ballett von heute. Da ging es laut und wild und heftig zu, in der Komödie auch zotig. Die Chöre waren weder Einlagen, die das Geschehen kommentierend begleiteten, noch Ruhepunkte, die das Drama mit ihren Reflexionen unterbrachen, sondern Mitspieler, Mittäter und Mitversager. Noch Aristoteles empfiehlt, den Chor nicht als Betrachter auftreten zu lassen, sondern als aktiv Handelnden, eine Rolle, die er in den Stücken der drei großen Tragiker ja auch tatsächlich spielt. Aischylos, der älteste unter ihnen, scheint als Tänzer, als Musiker und als Regisseur genauso stilbildend gewirkt zu haben wie als Dichter. Er soll seine Stücke selbst einstudiert und die Tanzfiguren, nach denen sich der Chor zu bewegen hatte, selbst entworfen haben. Viel stärker als die Überlieferung, die sich zwangsläufig aufs Schriftliche beschränkt, uns das glauben machen will, lebte das griechische Drama von der Bewegung, nicht nur vom Wort. Einem Schauspieler wird nachgerühmt, er habe es

verstanden, den Sinn der Handlung allein durch seine Tanz-
bewegungen deutlich zu machen.

In seiner Polemik gegen Richard Wagner unterscheidet Nietzsche zwischen Musik zum Singen und Musik zum Tanzen.
Wer diesen Gegensatz akzeptiert, wird nicht lang raten müssen, wohin die griechische Musik gehört: zur Tanzmusik natürlich. Sie tat das schon infolge ihrer Herkunft aus der Sprache, die mit der uns fremd gewordenen Unterscheidung von
Längen und Kürzen ein Gerüst darbot, aus dem der Rhythmus
sich von selbst ergab. Den Takt als generelle Vorgabe, nach der
ein Stück schnell oder langsam, im Dreier- und im Viererakt
gespielt werden musste, kannten die Griechen offenbar nicht;
sie brauchten ihn auch nicht, weil ja die Sprache selbst den Takt
erzeugte. «Wenn griechische Sprache in Versgestalt erklang»,
schreibt der Musiktheoretiker Thrasyboulos Georgiades, «so
war das eine Art Musik». Nicht nur in Versgestalt, wäre allerdings zu ergänzen, denn für die ungebundene, die Prosarede,
galt dasselbe. Isokrates, einer der bekanntesten Redner seiner
Zeit, soll an seinem Meisterstück, dem Panegyrikos, volle
zehn Jahre lang gefeilt haben: ein Aufwand, der vor allem
der formalen Vollendung gegolten haben muss, da der Inhalt
zum größten Teil aus Gemeinplätzen besteht. Kein Satz, der
nicht eine der vielen Redefiguren enthielte, die zu erfinden die
Griechen nie müde geworden sind. Sie heißen Anapher, Syn-
ekdoché oder Homoioteleuton zum Zeichen dafür, dass es die
Griechen waren, die sie erfunden, definiert und in ihren Lehr-
büchern weitergereicht haben.

Um sich eine halbwegs realistische Vorstellung von einem

griechischen Theaterstück zu machen, vermeidet man am besten die Erinnerung ans heutige Theater und denkt stattdessen lieber an die Oper, am besten ans Rezitativ, in dem Wort und Ton weitgehend verschmelzen. Musik und Sprache waren für die Griechen eins. Die reine, zudem auch noch vielstimmige Instrumentalmusik scheinen sie nicht gekannt zu haben; die Instrumente waren zur Begleitung da, zur Untermalung des Gesangs. Schon aus diesem Grund nahm die Flöte eine verdächtige Sonderstellung ein, versperrte sie den Mund doch zum Singen. Der Sage nach soll sie eine Erfindung der Athena gewesen sein, die von der Totenklage, die die Gorgonen, mythische Ungeheuer und Schwestern der Medusa, um ihre von Perseus erschlagene Schwester angestimmt hatten, so ergriffen war, dass sie versuchte, sie mit Hilfe eines neuen Instruments, der Flöte, nachzuahmen. Gefallen hat ihr die Erfindung freilich nicht, denn das schmale, oboenähnliche Mundstück verlangte so viel Kraft, dass es beim Blasen das Gesicht entstellte. Sie warf die Flöte wieder fort, was später dann auch Philosophen wie Platon und Aristoteles dazu bestimmte, ihr unter den Instrumenten einen minderen Rang anzuweisen. Sie galt als Instrument der Berufsmusiker und der Flötenmädchen, der Hetären, die neben der Musik eine zweite Kunst beherrschten, die vom Volk wesentlich höher geschätzt wurde als das Flötenspiel. Platon verbannte denn auch die Flötenbauer und die Flötenspieler aus seinem Musterstaat, weil sie, wie er befürchtete, mit ihrer leidenschaftlichen und schrillen Musik die Seelen schlaff und weichlich machten. Menschen von dieser Art konnte er in seinem Staatsgebilde aber nicht brauchen.

Beide Philosophen behandeln die Musik in enger Verbindung mit dem öffentlichen Leben, Platon im «Staat», Aristoteles in der «Politik». Sie tun das deshalb, weil sie in der Musik weniger eine Kunstübung als ein Erziehungsmittel sahen. Was die Gymnastik für den Körper, sollte die Musik für die Seele leisten, sie also mutig, duldsam und beständig machen: Musik als Sprache des Gemüts. Indem sie den Menschen vorbildliche oder verächtliche Charaktere vor die Seele stellt, hält die Musik dazu an, sich an den guten Eigenschaften zu freuen und gegen die unerwünschten Abneigung zu entwickeln. Zumal in frühem Alter ist die Erziehung zur Musik unentbehrlich, denn lernen will die Jugend ja nur widerwillig – Lernen sei mit Unlust verbunden, heißt es bei Aristoteles. Sie müsse deshalb durch den Köder des Angenehmen und Kurzweiligen zum Richtigen und Guten gewissermaßen verführt werden. Die jungen Leute könnten wegen ihrer Jugend nicht lange Zeit bei dem bleiben, was ihnen kein Vergnügen macht, schreibt Aristoteles dann weiter; da die Musik aber zu den Dingen gehöre, die Genuss bereiten, sei der musikalische Unterricht gerade für diese Altersstufe besonders passend.

Worauf es ankommt, ist das Machen, das Singen und das Musizieren; das bloße Hören bringt nicht viel, erzieht zu nichts. Selbermachen entscheidet, allerdings, wie Aristoteles hinzusetzt, nicht allzu intensiv und allzu oft, da die Kinder ja keine Berufsmusiker werden sollten. Das Ziel ist hier wie überall der ausgewogene Charakter, der ganz von selbst die Mitte zwischen den Extremen hält, der tapfer, aber nicht tollkühn, klug, aber nicht altklug ist, der weiß, wie lange eine

Stellung zu halten und wann sie zu räumen ist. Die Griechen hatten dafür den Begriff der Harmonie; in der Mythologie galt Harmonia als die Frucht des Ehebruchs, den Aphrodite, die schönste Frau, mit Ares, dem stärksten Mann, begangen hatte. In ihr fügt sich zusammen, was sich widerspricht, vereinen sich die Gegensätze und disparaten Elemente. Damit verkörpert sie genau das, was sich die Griechen von der Musik versprachen.

Mit ihrer Vorliebe für schlichte Melodien und einfache Instrumente stehen Platon und Aristoteles keineswegs allein; wie sie dachte die Mehrheit ihrer Landsleute. Wie die Musik, für die sie eintraten, auf unsere Ohren gewirkt hätte, fragt man wohl lieber nicht: mit Sicherheit monoton, wahrscheinlich schrill, darüber hinaus aber auch unsauber, da die Griechen neben ganzen und halben auch Vierteltöne gekannt zu haben scheinen. Man darf sich durch das angenehme Gefühl der Nähe, das sich bei der Beschäftigung mit ihrer Kultur so gern einstellt, nicht irreführen lassen: Die Griechen waren anders. Das Bild, das wir uns von ihnen gemacht haben, trägt nicht nur ihre, sondern auch unsere Züge. Grell bemalt und ohne die Patina des Alters dürften uns ihre Tempel um einiges fremder vorgekommen sein als so, wie wir sie kennen, im Zustand des malerischen Verfalls. Dass ihre Statuen ebenfalls bunt bemalt, Fingernägel, Brustwarzen, Lippen und Haarpartien bei Arbeiten in Bronze vergoldet, die Augen in Glasfluss eingesetzt waren, ist ziemlich sicher; auf eine originalgetreue Wiederherstellung lässt man es aber doch wohl lieber nicht ankommen, sie könnte uns vor den Kopf stoßen. Dieselbe Vorsicht ist auch sonst geboten: was die Griechen unter Politik verstanden, den ständigen, gefährlichen, geld- und kräftezehrenden Einsatz im Dienste ihrer Stadt, wäre einem an Repräsentation und Dienstleistung gewöhnten Westeuropäer als diktatorische Anmaßung vorgekommen.

Am nächsten steht uns sicherlich das philosophische Erbe; nur dass man sich und andere auch hier daran erinnern muss, dass wir nur noch die Außenansicht des imponierenden Gebäudes kennen. Die Unterscheidung zwischen Exoterik und Esoterik, zwischen dem, was für das Publikum bestimmt war und dem, was sich an einen kleinen Kreis von Eingeweihten richtete, durchzieht die ganze Tradition. Vor allem Platon hat immer wieder darauf hingewiesen, dass sich der Kern seiner Lehre nur mündlich vermitteln lasse; was ein größeres Auditorium, das doch nur schriftlich zu erreichen war, von vorneherein ausschloss. Im Dialog «Phaidros» begründet er seine Vorbehalte gegen die Schriftlichkeit mit der Geschichte von einem Ägypter namens Theuth, dem sagenhaften Erfinder der Buchstaben. Theuth sei damit zum König gekommen, um ihn von seiner Erfindung in Kenntnis zu setzen und dafür zu gewinnen, die Kunst des Lesens und des Schreibens im ganzen Land zu verbreiten. Davon habe der König aber nichts wissen wollen, vielmehr dem Theuth widersprochen und seine Erfindung als schädlich bezeichnet. Sie fördere das Vergessen, nicht die Erinnerung, da die Menschen im Vertrauen auf das Geschriebene (und Gedruckte, wie man aus heutiger Sicht ergänzen müsste) bequem werden und das Gedächtnistraining aufgeben würden. Das Internet mit seinen Suchmaschinen und seinen riesigen Dateien dürfte ein noch viel wirkungsvolleres Hilfsmittel zum Vergessen sein als die harmlosen Buchstaben des Ägypters Theuth und die beweglichen Lettern des Deutschen Johannes Gutenberg.

Die Phaidros-Stelle mag daran erinnern, in welchem Umfang die antike Kultur mündlich war und wie viel von ihr einfach dadurch untergegangen ist, dass Mündliches schneller und gründlicher verkommt als schriftlich Fixiertes. Die homerischen Epen, das Volksbuch der Griechen, sind mündlich vorgetragen und überliefert worden; von Sokrates, einem der einflussreichsten Philosophen der alten und der neuen Zeit, ist kein einziges Wort bezeugt, er lebt nur in und aus den Schriften seines Schülers Platon, und der hat deutlich genug zu erkennen gegeben, dass er die Schrift als Spielerei betrachtet, im besten Fall als Einladung zum Dialog, weil sich das Wesentliche eben nicht fixieren lässt. Die griechische Kultur war ziemlich radikal dem Augenblick verhaftet, sie lebte auf den Marktplätzen, beim Gottesdienst, in der Volksversammlung und dann, wenn sich die Griechen zu ihren nationalen Wettspielen in Olympia, in Delphi oder auf dem Isthmos von Korinth versammelten. Von alledem ist nichts geblieben.

Erben der Griechen sind die Römer geworden. Als solche waren sie klug genug, die kulturelle Überlegenheit der Griechen anzuerkennen, womit sie sich selbst und ganz Europa einen unschätzbaren Dienst erwiesen haben. Ihnen ist es zu verdanken, dass Westeuropa das Schicksal der östlichen Reichshälfte, in der die Spuren der griechischen Zivilisation einigermaßen vollständig vernichtet worden sind, erspart geblieben ist. Byzanz, das Rom des Ostens, hat sich gegen den Ansturm der Barbaren länger gehalten als die Stadt Rom; als es dann aber, rund tausend Jahre nach dem Fall der westlichen Reichshauptstadt, von den Türken erobert wurde, ist seine Kultur mitsamt ihren antiken Wurzeln viel gründlicher vertilgt worden als die des Westens. Von den berühmten Tempeln in Kleinasien, in Ephesos und Didyma, hat sich so gut wie nichts erhalten. Die Griechen wussten schon, warum sie ihren Freiheitskampf in der Antike gegen die Perser, im neunzehnten Jahrhundert gegen die Türken führten. Und die Westmächte wussten auch, warum sie ihnen dabei halfen.

Denn von der griechischen Kultur lässt sich dasselbe sagen, was ein Papst einmal von der Bibel behauptet hat: dass ohne ihre Gedanken und ihre Bilder die Kunst des Abendlandes ziemlich arm aussähe. Achilleus und Ödipus, Elektra und Antigone, Orestes, Herakles und wie die Helden sonst noch heißen sind in den darstellenden und bildenden Künsten des Abendlandes genauso präsent wie die Propheten und die Evangelisten, die Kirchenväter und die Päpste. Sie sind das, weil sie die großen Lebensfragen in Szenen und Gestalten fassen, die einprägsamer sind als die hermetischen Erkenntnisse der Wissenschaft. Der Mythos, aus dem sie stammen, hat nichts Rätselhaftes an sich, enthält keine Spitzfindigkeiten, keine Fachbegriffe und keine erläuterungsbedürftigen Ideen, sondern ein paar einfache, aber tiefe Wahrheiten. Wer die kennt, dem erschließen sich die großen Themen der bildenden und der darstellenden Künste von selbst. Die mythisch inspirierte Kunst war sinnlich, nicht abstrakt. Die Freude

hatte sich noch nicht, wie Nietzsche sagt, «in das Gehirn ver-
legt», sie sprach die Augen und die Ohren an; und dann erst
den Verstand.

Diese Kunst hatte das, was der modernen Kunst weitgehend
fehlt, ein sinnliches Vorbild. Ihre Aufgabe bestand in der
Nachahmung der Natur, der Mimesis. Erst Platon hat diesem
Wort die abträgliche Vorstellung verpasst, die ihm bis heute
anhaftet, weil er von seiner Kunst, der Philosophie, nun einmal mehr verlangte als bloße Nachahmung, Erkenntnis nämlich, Einsicht und Vernunft. Die Griechen mussten allerdings
nicht auf Sokrates warten, um darüber belehrt zu werden,
dass bloße Nachahmung, verstanden als Kopie, das Wesen der
Kunst verkennt. Was sie in ihren Bildern und mit ihrer Plastik
vor Augen hatten, griff ja erkennbar über das bloß Vorhande-
ne hinaus, allerdings ohne es zu entwerten, zu entstellen oder
sonstwie herabzusetzen. Der Sophist Hippias, eines der vielen Opfer der sokratischen Ironie, hat ja nicht Unrecht, wenn
er auf die Frage: «Was ist schön?» in dem nach ihm benannten
Dialog die Antwort gibt: «Ein junges Mädchen ist schön.»
Oder, nachdem ihm Sokrates das Mädchen ausgeredet hat, im
zweiten Anlauf sagt: «Gold ist schön.» Die Griechen haben
immer daran festgehalten, dass Schönheit eine fassbare und
fühlbare Gestalt besitzt und sich auch materiell, durch die
Verwendung von Marmor, Elfenbein und Gold, bestimmen
lässt. Hippias macht nur den Fehler, dass er bei diesen Dingen
stehen bleibt und das Ausloten der darüber hinausgehenden,
der eigentlich künstlerischen Dimension, dem Sokrates über-
lässt. Der macht sich einen Spaß daraus, Hippias dümmer

darzustellen, als er wahrscheinlich war. Denn dass das Kunst-schöne über das Naturschöne hinausging, war für die Grie-chen selbstverständlich. Warum sonst hätten sie so viel Zeit und so viel Kraft auf ihre Kunst verwendet?

Dante Gabriel Rossetti, Pandora. Die Femme fatale mit ihrer
unheilträchtigen Büchse.

12. PANDORA:
KEIN PRINZIP HOFFNUNG

Das Erstaunlichste unter den vielen Leistungen, mit denen die Griechen aufwarten können, bleibt das Tempo, mit dem das alles vollbracht worden ist. Das Römische Weltreich hat fünf bis sechs Jahrhunderte bestanden, unter Einschluss seiner östlichen Hälfte, der byzantinischen Herrschaft, kommt man auf mehr als das Doppelte. Demgegenüber hat es ein griechisches Weltreich nie gegeben, nicht einmal unter Alexander dem Großen; und doch hat die griechische Kultur zunächst das Reich der Römer, dann ganz Europa und schließlich noch die halbe Welt erobert. Sie nahm bis in die allerjüngste Zeit eine herausragende Stellung im Bildungsprogramm derjenigen Länder ein, die sich zum Westen zählten, und hätte diesen Ehrenplatz wohl nie verloren, wenn nicht einige progressive Bildungsplaner auf den Einfall gekommen wären, den Wert einer Kultur nach der Zeit zu bemessen, die uns von ihr trennt. Das hat die unverwüstliche Antike, wie sie der Tübinger Gräzist Wolfgang Schadewaldt einmal genannt hat, zwar zurückgeworfen und beschädigt, zerstört aber nicht. Die Griechen können immer noch auf Freunde rechnen; schließlich sind sie das einzige Volk, das andere Völker nicht mit Feuer und Schwert, sondern mit den weichen Waffen der Kultur unterworfen hat. Der römische Dichter Horaz hat dafür das schöne Bild von den siegreichen Römern gefunden, die von den besiegten Griechen ihrerseits kulturell erobert wurden: *Graecia capta ferum victorem cepit et artis intulit agresti Latio.*

Das alles erscheint nur noch erstaunlicher angesichts der eng begrenzten Zeit. Denn die Griechen haben allenfalls drei oder vier Jahrhunderte gebraucht, um ihre kulturellen Arsenale so weit zu füllen, dass ihnen die Vorräte nie mehr ausgingen. In dieser Zeit haben sie Muster für so ziemlich alles entdeckt und ausprobiert, was kulturell überhaupt möglich ist. Während die ägyptischen Prozessionszüge und Totenklagen zur Zeit der Ptolemäer im dritten vorchristlichen Jahrhundert noch genauso aussahen wie zur Zeit des Alten Reiches zweitausend Jahre früher, hat die attische Vasenmalerei in der Mitte des fünften mit ihren Vorläufern im siebten Jahrhundert nicht viel mehr gemein als Material und Technik; die Formen haben sich vervielfacht, die Malerei, figürlich oder ornamental, ist reicher, wenn auch nicht üppiger geworden, perfekt im Entwurf und sicher in der Ausführung.

Um dann, gleich nach der Niederlage Athens im Peloponnesischen Krieg, mit derselben Schnelligkeit, mit der diese Kunst erblüht war, vor die Hunde zu gehen. Die Malerei wird fahrig, die Formen wuchern, die Technik verfällt. Wie übermütige Spieler, die alles riskiert, alles gewonnen und jetzt keine Lust mehr haben, werden die Griechen großzügig im Geschmack und nachlässig in ihren Ansprüchen. Ihr Selbstbewusstsein ist immer noch gewaltig, äußert sich aber weniger im Stolz auf die eigene Leistung als gönnerhaft gegen die anderen, die sich so schrecklich schwer tun, wo die Griechen mit leichter Hand Maßstäbe gesetzt haben. Als hätten sie selbst gemerkt, dass sie

ihre große Zeit hinter sich hatten, verlegten sie sich vom Entdecken und Erfinden aufs Kopieren und Variieren. Kunst und
Kultur sind nach wie vor lebendig, in der Philosophie steht
sogar eine neue Blütezeit bevor, doch ist es eben nur ein Nach-
Leben und eine Nach-Blüte. Bei den Griechen, sagt Nietzsche,
geht es schnell vorwärts, aber ebenso schnell abwärts.

Angesichts dessen, was auch noch nach der Wende vom
fünften zum vierten Jahrhundert im griechisch beherrschten
Sprachraum entstanden ist, erscheint Nietzsches «abwärts»
als ein reichlich hartes Urteil. Es ging ja weiter in alle möglichen Richtungen, einige weitere kamen sogar noch hinzu.
Definitiv verloren war nur eins, der griechische Mythos, die
reiche Quelle für Erzählungen und Bilder aus dem Leben von
Göttern und Heroen. Jedem Vorgang hatte er exemplarische
Bedeutung, allen Gestalten eine geschichtliche Bühne, dem
Leben insgesamt eine Art höherer Weihe verliehen. Aus
dieser Wunderwelt, bevölkert mit Lapithen und Zentauren,
Amazonen und Giganten, Nereiden und Tritonen, Sphingen
und Hippokampen, hatten die Dichter ihre Stoffe, die Bildhauer ihre Szenen, die Philosophen ihre Begriffe genommen, wenn sie über den Anfang der Welt und das Wesen des
Menschen spekulierten. Selbst Platon gibt da, wo er an letzte
Dinge rührt, das Wechselspiel von Frage und Antwort auf
und wird zum Mythologen, der allerlei Phantastisches über
eine ferne Vergangenheit oder eine noch fernere Zukunft vorträgt. Wo es um Fragen der Moral, um Schuld und Sühne und
Verantwortung und Freiheit geht, kommt die Dialogtechnik
mit ihren Definitionen und Deduktionen an ihre Grenzen. Da

folgt Sokrates dem Beispiel der Dichter, die ihre Botschaften
ja auch nicht in abstrakter Form verkünden, im Wege der Be-
griffserklärung, sondern szenisch, als lebendige Bilder. Denken, sagt Goethe, ist interessanter als Wissen, «aber nicht als
Anschauen».

Platon verlässt die Ebene des Argumentierens und Definierens
immer dann, wenn er Wahrheiten suggerieren will, die logisch
nicht aufgehen. So etwa am Ende des Dialogs «Gorgias», wo
er die der Alltagsmoral widersprechende These aufstellt, dass
Unrecht tun schlimmer sei als Unrecht leiden. Das illustriert
er mit der Figur des Weltenrichters, der nicht die Körper, sondern die Seelen betrachtet und dem Tyrannen, der am meisten
Unrecht getan hat, die härteste Strafe auferlegt. Platon selbst
nennt das ein Märchen, «wie es die alten Mütterchen erzäh-
len», fügt aber auch hinzu, dass er nichts Besseres und Wah-
reres gefunden habe. Ganz ähnlich im «Protagoras», wo es um
Schuld und Schicksal geht und die Frage beantwortet werden
soll, mit welchem Recht wir ein Unrechtsbewusstsein auch
denen unterstellen, die sich erkennbar keiner Schuld bewusst
sind, weil ihnen das Gefühl für Recht und Anstand abgeht. Am
eindrucksvollsten kommt der Mythos am Ende des «Staates»
zur Geltung, wo das Problem der Willensfreiheit abgehandelt
wird. Platon spricht da vom Schicksal, das man zugleich erlost
und erwählt: logisch unbefriedigend, da Wahl und Los nun
einmal Gegensätze sind; lebenspraktisch aber durchaus über-
zeugend. Die Menschen, will er sagen, sind auch dann für ihr
Handeln verantwortlich, wenn sie nicht anders konnten – ein
Paradox, das die Schicksalsgöttin Lachesis in die Worte fasst:

«Schuld ist der, der sein Los aufhebt. Gott ist schuldlos.» Für solche Wahrheiten besaßen die Griechen in der Gestalt ihrer Mythologie eine Quelle, die ihnen Bilder vor Augen stellte, die mehr verrieten als alle Begriffe und logischen Abstraktionen. Als diese Quelle sich erschöpft hatte, ging es auch mit ihrer Kultur bergab.

Um zu ermessen, was mit dem Mythos verloren ging, zum Schluss die rätselhafte Geschichte von Pandora und ihrer Büchse. Überliefert ist sie von Hesiod, dem jüngeren Konkurrenten Homers, der auf das griechische Selbstverständnis ähnlichen Einfluss genommen hat wie sein großer Vorläufer. Der Mythos handelt vom Ursprung aller Übel und von der Naivität der Menschen, die glauben, ihr Glück zu fassen, wenn sie ihr Unglück umarmen. Dahinter steht das ewige Thema der griechischen und überhaupt der antiken Literatur, die Sehnsucht nach Gelassenheit, nach Maß und Mitte. Die war nur in der Gegenwart zu finden, diesseits von Furcht und Hoffnung. Da sich Geschehenes nicht ändern ließ und nur die Götter in die Zukunft blicken konnten, tat der Mensch gut daran, sich im Voraus weder zu ängstigen noch zu freuen, denn die Enttäuschung war ihm im einen wie im anderen Fall so gut wie sicher. Unter dem Einfluss des Christentums ist beides, sind Furcht und Hoffnung umgedeutet und verklärt worden, die eine zur Furcht des Herrn, die aller Weisheit Anfang ist, die andere zur Hoffnung auf die Gnade Gottes. Sie wurde aufs Jenseits bezogen und geriet so, neben Glaube und Liebe, zu einer der drei christlichen Kardinaltugenden.

Das ist so ungriechisch wie nur möglich. Nirgends werden

der Bruch mit der Antike und der Abstand, den wir unter dem Diktat von geistlichen oder weltlichen Kirchenvätern zu ihr gewonnen haben, greifbarer als hier. Denn nach griechischer Überzeugung führte die Hoffnung genauso sicher, vielleicht sogar noch zuverlässiger ins Verderben als die Furcht.

Zwei der größten Menschenfeinde,
Furcht und Hoffnung, angekettet,
Halt' ich ab von der Gemeinde.
Platz gemacht! – Ihr seid gerettet,

heißt es im zweiten Teil von Goethes Faust. Das ist, wie so vieles bei diesem Dichter, ziemlich unchristlich, aber zutiefst griechisch empfunden. Was die Griechen von der Hoffnung hielten, erfährt man aus der Tragödie, vor allem aber von Thukydides, dem tragischen Historiker. In dem Dialog, den er die Einwohner der kleinen Insel Melos mit den athenischen Feldherren führen lässt, die gekommen waren, die Inselbewohner, die es bisher mit Athens Erzfeind Sparta gehalten hatten, zum Seitenwechsel zu bewegen, äußern die Melier die Hoffnung auf ein Eingreifen Spartas zu ihren Gunsten. Die Athener finden das naiv und erklären die Hoffnung in einer solchen Lage rundheraus zur Torheit. Gewiss spende Hoffnung Trost in der Gefahr; wer sich, gestützt auf umfangreiche Mittel, auf sie verlasse, den könne sie wohl ab und an enttäuschen, aber nie gänzlich zu Grunde richten. «Wer dagegen mit allem, was er hat, auf die Hoffnung setzt, der erkennt sie im Sturz, und er behält nichts zurück, um sich vor der endlich durchschauten, der trügerischen Hoffnung in Sicherheit zu bringen.» Sie ist, mit einem Wort, ein schicksalhaftes Übel.

Diese gemeingriechische Auffassung findet sich schon bei Hesiod. Zeus, so berichtet er, wollte die Menschen dafür bestrafen, dass sie sich mit Hilfe des Prometheus, des Vorausdenkenden, in den Besitz des Feuers gesetzt hatten. Deshalb beschloss er, ihnen ein fatales Geschenk zu machen:

Diesen werd' ich dafür ein Übel senden, auf dass sich
Alle im Herzen erfreuen, ihr Übel umarmend.

Dies Übel ist zunächst Pandora, die All-Begabte, eine schöne junge Frau, die ihren Namen deshalb trägt, weil sie von allen Göttern beschenkt worden war:

Ihr um das Haupt zu gießen befahl er der goldenen Kypris
Anmut, schmerzliche Sehnsucht und markverzehrende
Wünsche.

Doch dieses erste führt ein zweites Übel mit sich, ein Fass voller Unrat, die sprichwörtlich gewordene Büchse der Pandora. Sie enthält all das, wovon die Menschen bis dahin frei waren,

Denn es lebten zuvor auf Erden der Menschen Geschlechter
Fern von Sorgen und Not und frei von drückender Plage,
Frei von schmerzlicher Krankheit, die den Menschen den
Tod bringt.

Neugierig und leichtfertig wie sie ist, öffnet Pandora das Fass, und die Übel entfliehen, verbreiten sich über die gesamte Erde und bestrafen die Menschen:

Aber es nahm vom Gefäße die Frau den gewaltigen Deckel,
Und zerstreute, was drin war, den Menschen zu ewigem
*   Kummer.*
Einzig die Hoffnung blieb drinnen zurück im Fasse, sie
*   klebte*
Dicht am inneren Rand des Gefäßes und flog nicht hinüber,
Denn zuvor schon warf sie darauf den Deckel des Fasses.

Die Geschichte ist unklar, sie hat seit je zum Grübeln angestiftet und tut das heute noch. Ihre Unstimmigkeiten haben die Interpreten immer wieder zu der Annahme verführt, Hesiod habe die Sache falsch verstanden, in Wahrheit habe Pandora, die All-Begabte, in ihrem Fass den Menschen nichts Schlimmes gebracht, sondern etwas Gutes. So etwa Schopenhauer, der rundheraus bekennt, die Fabel der Pandora sei ihm von jeher ungereimt und verkehrt vorgekommen; nicht alle Übel, sondern alle Güter dieser Welt habe Pandora in der Büchse gehabt. Beim Öffnen seien nicht Krankheiten und Schmerzen, sondern die guten Dinge auf und davon geflogen: «die Hoffnung allein wird noch gerettet und bleibt uns zurück.» Sie bleibt jedoch nicht eigentlich zurück, sondern verborgen, wird also gerade nicht freigesetzt, sondern versteckt und vorenthalten. Warum, wenn sie doch etwas Gutes ist?
Es wird nicht besser, wenn man sich an den Text hält und die

Hoffnung als etwas Schlechtes deutet; denn dann stellt sich dieselbe Frage. Zeus wollte die Menschen doch bestrafen, sie sollten Glück und Unglück verwechseln und erst zu spät erkennen, dass sie statt des einen das andere gewählt hatten. Diese Absicht wäre aber doch nur höchst unvollkommen erfüllt worden, wenn auch nur ein einziges der Übel, zu denen in dieser Version eben auch die Hoffnung zählt, zurückgehalten worden wäre. Warum blieb sie dann an dem Deckel kleben, im Fass also verborgen, unsichtbar und unfassbar für die Menschen? So oder so, die Rechnung geht nicht auf.

Das ist die Sprache des Mythos. Er verzichtet auf den Ehrgeiz, die Widersprüche und die Unstimmigkeiten, von denen das Leben nur so strotzt, erklären oder auflösen zu wollen. Und eben damit enthält er mehr Wahrheit und Weisheit als jedes logische Programm. Die Hoffnung ist eben beides, ein schönes Übel wie Pandora, die Frau, der wir dies fragwürdige Geschenk verdanken. Wir haben die Hoffnung als eine uns angeborene Eigenschaft; und haben sie auch nicht, weil sich die Zukunft nicht berechnen und nur höchst unvollständig planen lässt. Im Bild vom Fass, in dem die Hoffnung vorhanden, doch auch verborgen ist, gibt Hesiod das zu erkennen. In Grenzen ist die Hoffnung tröstlich; sie verführt jedoch dazu, die Grenzen der Vernunft zu sprengen; dann wird sie zur blinden, zur törichten, zur vergeblichen Hoffnung, lähmt den Verstand und entwickelt sich zur Quelle aller nur denkbaren Übel. Einen der letzten Beweise dafür hat uns Ernst Bloch geliefert, der mit seinem «Prinzip Hoffnung» eines der törichtsten Bücher des 20. Jahrhunderts geschrieben hat. Den rücksichtslosen

Weltveränderern, die auf dem Weg in eine bessere Zukunft Millionen von Menschenopfern gebracht haben, hat es jahrzehntelang als Alibi gedient. Wie um zu zeigen, dass die Hoffnung eben doch ein Übel ist.

Nietzsche war klüger. Er hatte die Griechen besser verstanden als Bloch und Schopenhauer zusammen, als er über den Pandora-Mythos schrieb: «Für immer hat der Mensch nun das Glücksfass im Hause und meint Wunder was für einen Schatz er in ihm habe; es steht ihm zu Diensten, er greift danach, wenn es ihn gelüstet; denn er weiß nicht, dass jenes Faß, welches Pandora brachte, das Fass der Übel war, und hält das zurückgebliebene Übel für das größte Glücksgut – es ist die Hoffnung. Zeus wollte nämlich, dass der Mensch, auch noch so sehr durch die anderen Übel gequält, doch das Leben nicht wegwerfe, sondern fortfahre, sich immer von neuem quälen zu lassen. Dazu gibt er den Menschen die Hoffnung: sie ist in Wahrheit das übelste der Übel, weil sie die Qual der Menschen verlängert.»

Ein optimistisches Weltbild ist das nicht; so etwas haben die Griechen nicht zu bieten. Was ihre Haltung zur Welt und zum Leben bestimmte, war eine Art fröhlicher Skepsis: nicht die grämliche, die über den ewigen Einwand nicht hinauskommt, sondern die harte und gesunde Skepsis, die mit dem Zweifel den Entschluss verbindet, die Sache trotzdem zu riskieren. Wenn irgendetwas, ist die Bereitschaft, im Unglück der anderen das eigene Unglück zu erahnen und, wenn es gut geht, zu vermeiden, das Vermächtnis der griechischen Kultur. Sie ist misstrauisch gegen die großen und definitiven Lösungen, die bei den Weltbildproduzenten der Moderne so hoch im Kurs stehen. Deswegen will sie, ehe sie zahlt, die Münze von der anderen Seite sehen. Sie möchte den Einwand hören und den Zweifel kennen lernen, auch wenn sie sich schließlich über ihn hinwegsetzt und handelt, weil sie handeln muss. Ihre bevorzugte Sprach- und Denkfigur ist die Antithese, das «Zwar-Aber», das nicht umsonst die griechische Literatur so auffällig beherrscht. Denn die Antithese ist, wie man gesagt hat, die enge Pforte, durch die sich der Irrtum zur Wahrheit schleicht. In keiner anderen Sprache ist er auf diesem Wege weiter gekommen als in der griechischen.

LITERATUR

Aischylos: Die Perser.

Übers., Anm. u. Nachw. von E. Staiger. Suttgart: Reclam 1997.

Aristophanes: Die Frösche.

1. In: Komödien in zwei Bänden. Übers. von L. Seeger. München: dtv 1990.

2. Übers. und hrsg. von H. Heubner. Suttgart: Reclam 1994.

Aristophanes: Die Weibervolksversammlung.

1. In: Komödien in zwei Bänden. Übers. von L. Seeger. München: dtv 1990.

2. Übers. von D. Bremer und N. Holzberg, Nachwort von M. M. Dettenhofer. Stuttgart: Reclam 2004.

Aristoteles: Nikomachische Ethik.

1. Übers. von E. Rolfes, hrsg. von G. Bien. Hamburg: Felix Meiner 1985.

2. Übers. von U. Wolf. Reinbek: Rowohlt 2006.

3. Übers. u. Nachw. von F. Dirlmeier. Anm. von E. A. Schmidt. Stuttgart: Reclam 1986.

Aristoteles: Politik.

1. Übers. und Anm. von E. Rolfes. Hamburg: Felix Meiner 1990.

2. Übers. von O. Gigon. München: dtv 1998.

3. Hrsg. u. übers. von F. F. Schwarz. Stuttgart: Reclam 1989.

Epiktet: Handbüchlein der Moral und Unterredungen.
Stuttgart: Kröner Verlag 1984

Euripides: Bakchen.

1. In: Hippolytos. 2 Tragödien. Übers. von H. von Arnim. Mit einem Nachw. von W. Jens. Frankfurt/M., Hamburg: Fischer 1960.

2. Übers., Anm. u. Nachw. v. O. Werner. Stuttgart: Reclam 1998.

Euripides: Medea.

1. Übers. von H. von Arnim u. F. Werfel. Bearb. von S. Müller. In: Euripides: Tragödien. – Wiesbaden: Vollmer 1958.

2. Übers. von E. Buschor. Hrsg. von G. A. Seeck. In: Euripides. Sämtliche Tragödien und Fragmente. München: Heimeran 1972.

3. Übers. von K. H. Eller. Ditzingen: Reclam 1983.

Herodot: Historien.
Gr./Dt. Hrsg. von K. Brodersen. Stuttgart: Reclam 2002.

Homer: Odyssee.

1. Übers. von W. Schadewaldt (Prosa). Stuttgart, Zürich: Artemis & Winkler 2001.

2. Übers. von H. Voß (Verse). Frankfurt: Insel 2005.

3. Übers., Nachw. u. Reg. von R. Hampe. Stuttgart: Reclam 1986.

Platon: Apologie des Sokrates/Kriton.
Übers., Anmerk. und Nachw. von M. Fuhrmann. Stuttgart: Reclam 1986.

Platon: Protagoras.

Gr./Dt. Übers. u. Komm.: H.-W. Krautz. Stuttgart: Reclam 1987.

Platon: Menon. Hrsg. u. übers. von M. Kranz. Suttgart: Reclam 1994.

Platon: Sämtliche Werke.

1. In vier Bänden. Neu hrsg. von Ursula Wolf. Übers. von Friedrich Schleiermacher u. a. Reinbek: Rowohlt Taschenbuch 1994.

2. In drei Bänden. Hrsg. Von Erich Loewenthal. Darmstadt: Wissenschaftliche Buchgesellschaft 2004.

Plutarch, Große Griechen und Römer.

1. Plutarch: Gesamtausgabe in sechs Bänden (Dünndruck). Eingel. und übersetzt von K. Ziegler. Vollständige Ausgabe. München: dtv 1979/80.

2. Fünf Doppelbiographien. Ausgew. von W. Wuhrmann, übers. von Konrat Ziegler. Düsseldorf: Artemis & Winkler 1994, 2 Bde.

Pseudo-Longinos: Vom Erhabenen.

Griechisch und Deutsch. Hrsg. u. übers. von Reinhard Brandt. Wissenschaftliche Buchgesellschaft Darmstadt 1966.

Sophokles: Antigone.

1. Übers. von K. Reinhardt. Göttingen: Vandenhoeck und Ruprecht 1982.

2. Griech./Dt. Übers. u. hrsg. von N. Zink. Stuttgart: Reclam 1995.

3. Übers. von Wilhelm Kuchenmüller. Stuttgart: Reclam 2000.

Thukydides: Der Peloponnesische Krieg.

1. Übers. von G. P. Landmann. Düsseldorf: Artemis & Winkler 2002.

2. Auswahl. Griechisch/Deutsch. Stuttgart: Reclam 2005.

BILDNACHWEIS

Konrad Adam, 1942 in Wuppertal geboren, studierte Alte Sprachen, Geschichte und Rechtswissenschaft in Tübingen, München und Kiel. Von 1979 bis 2000 war er Feuilletonredakteur der «Frankfurter Allgemeinen Zeitung». Seither ist er politischer Chefkorrespondent der «Welt». Er hat zahlreiche Bücher veröffentlicht, vor allem zur Innen- und Bildungspolitik. 2002 erschien «Die deutsche Bildungsmisere: Pisa und die Folgen».